Me enamoré de un hombre casado
y otras infidelidades

Los casos clínicos presentados en este libro no representan a personas o parejas específicas.
Las experiencias narradas han sido creadas a través de la síntesis de distintas situaciones que me fueron relatadas a lo largo de mi vida profesional. Los nombres tampoco corresponden a la realidad.

ME ENAMORÉ DE UN HOMBRE CASADO
Y OTRAS INFIDELIDADES

© 2002, Clemencia Sarquis
© 2002, Random House Mondadori S.A.
  Monjitas 392, of. 1101, Santiago de Chile
  Teléfono: 782 8200 / Fax: 782 8210
  E-mail: editorial@randomhousemondadori.cl
  www.randomhousemondadori.cl

      ISBN Nº 0-30734-341-3
      Inscripción en el Registro de Propiedad Intelectual Nº 128.520

Impresión: Imprenta Salesianos S.A.

Clemencia Sarquis

Me enamoré de un hombre casado y otras infidelidades

Grijalbo

Dedico este libro a todos aquellos que han vivido situaciones de dolor por experiencias de infidelidad, y también a muchos que temen vivirlas y buscan la forma de evitarlas.

Agradezco a la señora Marta Brañes Ballesteros, compañera, desde nuestra educación en el Liceo Nº 1 de Niñas Javiera Carrera, amiga de toda la vida y a la señora Beatriz Zegers Pardo, colega y amiga, quienes con especial solicitud y minuciosidad revisaron y corrigieron los borradores del libro, aportando sugerencias que mejoraron su contenido.

Agradezco también a mi amigo y filósofo Edison Otero quien con interés y buena voluntad siempre ha colaborado en la aventura de escribir.

Especial mención hago de todos los hombres y mujeres que confiaron en mí como profesional, compartiendo conmigo la privacidad de sus mundos interiores y me confiaron sus experiencias, las que permitieron plasmar este libro.

Agradezco a la señora Isabel M. Buzeta, quien con entusiasmo aportó su creatividad al logro de esta idea.

Recuerdo a mis padres quienes me enseñaron con su ejemplo la importancia del diálogo y la transparencia en las relaciones, junto a los valores que me inculcaron y que me han acompañado toda la vida.

A mis hijos José Miguel, Catalina, Clemencia, Paz y Cecilia, quienes han sido mi tesoro más preciado. Todos ellos con entusiasmo, apoyo y amor incondicional me han motivado en mi desempeño y a comunicar las experiencias acumuladas.

Finalmente y muy especialmente a mi esposo José Musalem Saffie con quien compartí "la aventura de ser pareja" con un permanente afán de superación y apoyo mutuo.

Santiago, octubre de 2002

Primera Parte
Aspectos generales

Palabras de la autora

 D espués de haber atendido parejas por más de veinticinco años, he apreciado cada vez más lo positivo que es tener la libertad de decir lo que se piensa, especialmente cuando se trata un problema controvertido como es la infidelidad. A pesar de ser un tema sensible a muchas personas, se la mantiene como un tabú, abordándola sólo como chismografía, satanizándola o ensalzándola.

Mi deseo es analizarla no desde la perspectiva del psicólogo o el especialista, sino desde la mirada de un ser humano que ha visto y compartido sufrimientos por lo que ella conlleva, además, debido a que respecto de la infidelidad no caben dudas de que existen visiones sesgadas y parciales acerca de ella.

Al trabajar con parejas se pueden conocer sus verdaderos alcances y saber que es una experiencia que vive un gran porcentaje de personas, por diferentes razones, dentro y fuera del matrimonio.

La infidelidad no puede analizarse en forma simplista, calificando a las personas según sus comportamientos en buenos o malos. Tampoco se puede pensar que es un hecho que sólo alcanza a algunos y que otros están libres de experimentarla. Por el contrario, debemos saber que es algo que puede tocarnos vivir en cualquier momento y que todos estamos expuestos a ella.

Hay personas que no han sufrido nunca una infidelidad, que ni siquiera la han considerado como posibilidad, pero para ellas también es útil saber más. En los países occidentales, las últimas estimaciones de su frecuencia señalan que un 60% de hombres y mujeres la han vivido o se encuentran en esa circunstancia.

El mejor antídoto para evitarla es cumplir con ciertos criterios preventivos básicos, como estar enamorados al formar una pareja, cultivar una intimidad creativa con una vida sexual satisfactoria, aprender a manejar las crisis y, una vez surgidas, limitar las consecuencias de ellas, para no quedar fuera de control. En otras palabras, al comenzar hay que contar con un ingrediente básico como es el amor, esforzarse decididamente por alimentarlo, además de desarrollar una buena comunicación, saber manejar los conflictos, y mantener una relación sexual satisfactoria.

No siempre los infieles tienen malos matrimonios, hay razones de distinta índole que empujan a una persona en esa dirección: ser tentado(a), excitada(o), necesitar satisfacer el propio ego, sentirse alabado, reconocido y agrandado en la idea de sí mismo. Puede ser también que ella ocurra por frivolidad, por necesidad de mejorar la visión propia, por sentirse vivo. Un momento propicio es aquel en que la persona se encuentra más vulnerable, cuando se está viviendo un duelo o una pérdida importante y significativa. En otros casos la compulsión o adicción son la base de su inicio y mantención. Sea el origen que tenga, el efecto final es el mismo: dolor y heridas difíciles de curar.

Lo que me propongo hacer es poner sobre la mesa muchos aspectos de un tema que se mantiene en silencio, que es vivido con dolor, humillación, confusión y sensación de desamparo por quienes tienen que enfrentarlo. Junto a lo anterior hay un gran desconocimiento de cómo manejarse en esa zona de turbulencias y amenazas, las que pueden generar fuertes sentimientos de venganza y, en muchos casos, querer evitarse el dolor autoeliminándose.

En relación a lo primero, surge el deseo, en la persona engañada, de comunicarle a la otra víctima (el hombre o la mujer casados) el hecho descubierto o responder con la misma moneda. En el caso de fantasías suicidas, éstas representan sentimientos desesperados para poner punto final a la humillación, al dolor, al hecho y a sus consecuencias. Recordando las múltiples historias escuchadas, he afirmado mi creencia de que todo movimiento vengativo es contraproducente, ya que son salidas que ponen en una posición negativa y fuera de control a pesar de que en un primer momento pueda vivirse una sensación de alivio.

Los pensamientos suicidas son comunes a estas experiencias, pero tampoco son una opción razonable al castigarse aún más de lo ya vivido, y extender el drama privando de nuestra presencia a aquellos que la necesitan. Es importante tener presente que por muy mal que uno se sienta en ese momento, el tiempo mitigará el dolor. Importa, también, saber que no se está solo para iniciar el camino de solución y terminar con la sensación de estar viviendo una pesadilla.

La solución no pasa por autoeliminarse sino por obtener cada vez más comprensión de los hechos, lo que permite integrar y manejar los sentimientos desesperados. Permitir que el tiempo actúe, aceptar la realidad del suceso, eliminar el pensamiento de ¿por qué a mí?, reconocer que es un hecho complejo y no un simple fracaso personal, dedicarle tiempo a comunicarse, permiten afirmar la posibilidad de restablecer la calma y acrecentar, en muchos casos, la creencia de que sí es posible recuperarse.

Al escribir este libro he querido reflexionar junto a los lectores acerca de la infidelidad, además de presentar la síntesis de un conjunto de experiencias que me han sido compartidas. También he intentado lograr darle un nuevo significado e interpretación a este hecho, aportando nuevas visiones acordes a los tiempos que corren. Conocer sus nuevos matices y características, cómo enfrentar las decisiones en torno a los distintos momentos en donde puede ser necesario contar o no hacerlo, hablar o callar, preguntar para saber o negar.

Pienso que es importante diferenciar entre la infidelidad femenina y masculina, entre los diferentes tipos de ellas, las diferentes formas y actores que involucra, surgiendo con características propias aquélla en que dentro del triángulo participa una soltera. No puedo dejar fuera el análisis de los nuevos ingredientes que aporta la tecnología y sus efectos, especialmente internet.

Espero ayudar a aquellas personas que se encuentran con problemas, aportar a la curación de algunas heridas, fortalecer la relación en caso de continuar en ella y finalizar en buena forma cuando no se la puede preservar.

Son innumerables las veces que he escuchado, "lo peor es que no he vuelto a tenerle confianza". "No puedo olvidar que me ha faltado el respeto, que no me ha dado protección y que me ha hecho daño." También han agregado "el problema es que yo he perdonado pero no puedo olvidar". "¡Ayúdeme a confiar de nuevo!"

¡Ayúdeme a confiar de nuevo!

DEL AGOBIO A LA DESESPERACIÓN

Clara dice "¡estoy agobiada, sorprendida, humillada y no puedo creerlo!, ¡porqué a mí!, ¡no me lo explico, no le encuentro sentido!, ¡cómo puedo mirar a la cara!".

Juan señala "¡todo mi mundo se derrumbó!, ¡nada es igual, mi mujer no es la misma, no tiene nada que ver con lo que era!, ¡mis relaciones con los que me rodean no son iguales, todo se ha vuelto un enredo!". "No puedo pretender que no ha pasado nada, si nada va a volver a ser lo mismo." Éstas son algunas de las muchas frases escuchadas que muestran la convulsión interna que sufren hombres y mujeres, Claras y Juanes, que viven el engaño y la traición a las promesas dadas. Son los que han tenido que enfrentar la mentira y la falta de honestidad en sus relaciones amorosas más próximas e íntimas.

Resulta frecuente escuchar la queja de la ruptura de una promesa, lo que genera fuertes sentimientos de pesar, desilusión, exclusión, celos y tantos otros. Es un duelo que afecta la idea que la persona tiene de sí, provocando inseguridad, dudas y desconfianza.

Juan agrega: "saberlo me obligó a revisar toda mi vida y tomar en cuenta todo lo que pudo ser diferente". "Nadie tiene una vida perfecta, yo creí haberla alcanzado, sin embargo me di cuenta de que todos enfrentamos distintos problemas que nos desafían."

"Aunque intelectualmente lo puedo entender, no es lo mismo vivirlo a diario y tener que dormir junto a la persona que me ha causado este tremendo dolor; tampoco verme obligado a seguir cumpliendo con las responsabilidades", agrega Juan.

El descubrimiento de que el otro es infiel es vivido como fracaso personal. Culpar y descalificar son reacciones propias de esta circunstancia, generalmente basadas en la creencia de que la monogamia es la norma y que todos adhieren a ella y la practican.

ELECCIONES

La frecuencia con que se da la infidelidad varía, según diferentes estudios, entre el 50 y el 65% en el hombre, apareciendo una cifra muy similar en el caso de la mujer. Estos datos prenden una luz roja y nos obligan a revisar nuestras creencias y a mirar la realidad sin negaciones, mitos, ni racionalizaciones defensivas.

Desde mi experiencia profesional y de vida, he deducido que la monogamia es una opción sobre la que se debería hablar y acordar. No hacerlo rompe las reglas del juego. La infidelidad no surge sola; sea por las razones que sea, es algo que uno decide sabiendo a lo que va.

Poder mirar este problema de otra manera, con un enfoque realista, ayudará a evitar los sentimientos de fracaso personal. Es importante saber que hoy día ser fiel es el camino difícil, ya que vivimos en una sociedad que glorifica el sexo y el comercio de él.

No es el fracaso de uno sino una realidad acerca de la cual hay que estar alerta y conocer, sabiendo que la infidelidad ha existido siempre, desde comienzos de la creación.

Actualmente, nuestra cultura nos hace frecuentes invitaciones a que adoptemos actitudes de mayor relativismo, a que seamos "libres" y a que no asumamos compromisos. Esto hace más fácil que se pierda la brújula y la visión de futuro.

"Todos los matrimonios tenemos problemas y esto favorece la infidelidad, la que se encuentra al acecho. A veces uno no ve que algo falta, que se necesita más variación y novedad, que no tuvo habilidad para hablar abierta y honestamente de los deseos sexuales, todas realidades que ayudan al surgimiento de la crisis", dice Clara y agrega: "llevábamos 12 años de casados y estábamos completamente dedicados a salir adelante en lo económico y con los hijos, comunicándonos cada vez menos".

"Pensábamos en la infidelidad como un hecho ajeno a nosotros, como algo que pasa afuera, que les sucede a otros. En mi trabajo me tocaba pasar muchas horas junto a un compañero, quien era a la vez muy amigo de mi marido. Hablábamos y en nuestras conversaciones lo sentía preocupado y comprensivo conmigo."

"Todo empezó con conversaciones acerca de nuestras vidas, de ahí fuimos profundizando y entramos en un juego."

"Con mi marido nos mostrábamos nuestras fortalezas y logros sin tomar en cuenta nuestros temores e inseguridades."

"Hablar con mi compañero de trabajo nos fue acercando peligrosamente, no me di cuenta de lo que pasaba hasta que estuve metida en la relación."

Es común la posición de no querer perder nada, renunciar a algo o dejar atrás satisfacciones. Si bien es cierto que uno puede lograr casi todo lo que se proponga, no es factible tenerlo en forma simultánea. Querer lo mejor de todo al mismo tiempo es un deseo muy astuto pero imposible de cumplir. La vida involucra elecciones y negociaciones. Se trata de tomar opciones frente a los hechos y lo que se quiere vivir. No se puede residir simultáneamente en el campo en forma tranquila y con buen aire y en la capital, en el centro de la noticia, los espectáculos y el movimiento. Se puede trabajar en una empresa y tratar de hacer carrera en ella, pero es muy difícil al mismo tiempo ser un trabajador independiente con su propio negocio. Ante cualquiera de estas situaciones hay que optar, y la elección va a tener consecuencias.

Por supuesto, como todo en la existencia, entre una elección y otra, hay matices. Al estar en ellas uno tiene la posibilidad de decidir si seguir en lo elegido o cambiar el rumbo. No es positivo dejar pasar el tiempo, esperando ver dónde se va a llegar. Es importante tomar el control de la situación y saber que uno es el actor de su vida y que nunca se pierde la posibilidad de movilizarse y cambiar.

Si se quiere un hogar seguro y estable será necesario renunciar a ciertas libertades que se pueden tener al vivir solo y sin compromisos, limitando los afanes de novedad y aventuras.

De lo anterior se desprende que es necesario que aquel que opta por la infidelidad asuma la responsabilidad de lo que emprende. Que se dé cuenta de que existen otras alternativas de reacción frente a las circunstancias presentes. Lo realizado es algo elegido por uno mismo.

Los elementos estabilizadores de una relación son el compromiso, la lealtad y la confianza, lo que no es otra cosa que fidelidad. Aquéllos, en conjunto, protegen nuestra cercanía, favorecen la intimidad y dan seguridad al vínculo amoroso. No podemos establecer relaciones auténticamente íntimas si tenemos que vivir defendiéndonos, temiendo la deslealtad y el engaño.

Preguntas y suspensos

LA MONOGAMIA: UNA OPCIÓN

Existen siempre las siguientes preguntas: ¿se es infiel sólo con el pensamiento o se requiere una acción?, ¿comienza la infidelidad al no compartir las inquietudes que se sienten por otro que no sea el cónyuge o su pareja?, ¿puede la persona tener privacidad acerca de sus dudas más íntimas y no compartirlas?, ¿qué fue lo que de repente hizo que esa persona fuera atractiva?, ¿qué pasaba y sucedía entre nosotros para que cupiera un tercero?

¿Por qué hay parejas que cumplen con la promesa de vivir la lealtad, la transparencia, la honestidad y otras la traicionan? ¿Cuán posible y real es vivir el ideal monógamo? O, como algunas parejas, ¿cuán posible y real es vivir la libertad de no ser monógamos y, al mismo tiempo, permanecer con la pareja actual con el único compromiso de comunicarse cuando la relación con un tercero se lleva a cabo?

¿Por qué hay personas capaces y con voluntad para establecer vínculos monógamos y otros parecen incapacitados para sostenerlos?, ¿por qué hay parejas que han tenido en sus familias de origen experiencias de infidelidad y, a pesar de no querer repetirlas, terminan haciendo lo mismo?, ¿qué lleva a todo este sufrimiento?

Las anteriores son algunas de las preguntas y aspectos poco claros de la infidelidad, a los que espero ir dando respuesta a lo largo del libro. Lo cierto es que en todos los casos ésta comienza con la presencia de un tercero, que representa un rival para el miembro no infiel de la pareja.

Aun para aquellos que se comprometieron explícitamente a no vivir la opción monógama sino a comunicarse honestamente al tener una relación con un tercero, cuando éste aparece se transforma en una persona no grata para la relación. Recuerdo el caso de unos pacientes del consultorio externo de la Escuela de Sicología de la Universidad Católica, a los que el equipo tratante bautizó como los "progresistas". Era una pareja que llevaba dieciocho meses junta y cuyo motivo de consulta era que él se había enredado con otra mujer, relación que ella había descubierto. Para Elvira el gran problema lo constituía, según sus palabras, la traición a la promesa de contar la experiencia y no mantenerla en secreto.

La pareja de terapeutas parte definiendo el problema por el que están consultando como una infidelidad, lo que causa verdadera sorpresa y molestia en los consultantes. Para ellos ser fiel o no carecía de sentido, lo que sí tenía importancia era la honestidad. Una vez que se acuerda que el motivo de consulta y quiebre es la ruptura de la promesa, se inicia la terapia. Al avanzar en ella quedan al descubierto los sentimientos de rabia, desvalorización y fracaso personal de la mujer. Es tan fuerte el condicionamiento cultural de los consultantes que, a pesar de querer incorporar el progresismo en sus vidas, los sentimientos ante el engaño y la traición fueron similares a los de las parejas que no se habían planteado vivir una relación abierta.

El vínculo de pareja como una relación entre dos personas ligadas por lazos amorosos puede ser permanente o pasajero, surgir con o sin una intención latente o explícita de permanencia y estabilidad, con o sin deseo de superar crisis y conflictos, pero en todas estas formas de vivir existe la posibilidad de ser infiel.

La infidelidad es un tema recurrente que aparece en las terapias de pareja y, junto con los celos, se relaciona con sentimientos de exclusión y rivalidad, afectando la autoestima y debilitando las bases del vínculo.

Definir la infidelidad no es tarea fácil. Literalmente ha sido descrita como deslealtad, ruptura de la confianza, de una promesa, una traición a la relación. No hay acuerdo relativo a cuándo comienza ni si se inicia con el pensamiento o con la acción, si puede surgir de un flechazo, de una inquietud, de una afinidad con el otro, de una necesidad de autoafirmación o para llenar un vacío de la relación. Tanto sus causas como sus efectos, formas y orígenes varían entre sí; de algunas se sobrevive y ante otras se sucumbe.

DESHONESTIDAD Y SIDA

Uno de los ingredientes más amenazantes de la infidelidad es la deshonestidad, lo secreto del acto y la ruptura del compromiso de lealtad que se suscribe en el inicio de la relación. Todo lo anterior está acompañado de fuertes emociones en uno o ambos, lo que hace que la vida se vuelva bastante difícil.

Hoy, el tema de la infidelidad es aún más dañino y peligroso que en otros tiempos. Cada día se está más consciente del problema del sida, enfermedad que comenzó sus consecuencias devastadoras entre los homosexuales, pero que ahora se ve más frecuentemente en parejas heterosexuales, pudiendo tener su origen en aquellos bisexuales, que pudieron traspasar el contagio.

Son muchas las personas monógamas que son portadoras de esta enfermedad por causa de su propia pareja.

Si bien la probabilidad de adquirir sida está en el pensamiento de la mayoría de las personas, esta idea y preocupación no se traduce en conductas de autoprotección y control. Este proceso es similar al que se produce en relación a la monogamia: son muchos más los que la aprueban que aquellos que la practican.

A través del sida se produce una conexión con una red infinita de parejas sexuales: las que se tiene, se han tenido y aquellas que se pueden tener. El sexo ha dejado de ser un acto privado y secreto entre dos, al poder transmitirse este virus a muchas más parejas. De esta manera, la ruptura y traición a la confianza son aún más intolerables, por el peligro que incorporan.

En estos casos tanto la infidelidad propia como la del otro no son sólo elementos que amenazan la permanencia de un matrimonio de una pareja estable o transitoria, de los hijos o la propia felicidad, sino que virtualmente pueden ser una amenaza de muerte para cada persona, lo que hace que la honestidad sea más valorada.

En aquellas parejas que viven una relación ocasional se hace cada vez más urgente saber acerca de la vida sexual del otro, conocer acerca de su pasado, antes de involucrarse íntimamente con ella o con él.

Hay una serie de conductas en relación al sida que caen en la categoría de pensamiento mágico, como creer que al embarcarse en una relación con una mujer casada o con un hombre adicto al trabajo, el riesgo es menor. Esto se sustenta en el argumento fantasioso de que ellos no tienen tiempo para aventuras, lo que es un gran error. Otra forma en que se expresa este pensamiento mágico es creer que si tienen la misma amante por mucho tiempo, se está libre, que este solo hecho los preserva de la enfermedad.

Están aquellos que creen poseer un sexto sentido que les permite adivinar cuáles mujeres son candidatas a ser portadoras, alejándose de ellas. Finalmente están los que sienten que están fuera de peligro porque la mujer o el hombre con que se relacionan acepta hacerse los exámenes que corresponde. Todas estas conclusiones son defensivamente fantasiosas y no constituyen realidades protectoras.

Es tan poca la precaución y cuidado que se tiene, que los estudios realizados muestran que en el 60% de los casos, sólo se trata de una adivinanza, porque lo cierto es que no saben con certeza si sus parejas han tenido pocas o muchas relaciones o si han estado expuestas al sida.

Muchos son los hombres y mujeres casados y promiscuos a quienes ni siquiera se les pasa por la mente considerar la citada posibilidad. Viven con una mezcla de omnipotencia y negación, lo que les hace más vulnerables al contagio. Piensan ¡a mí no!, a pesar de que los hechos les demuestran que están equivocados.

DE LO IDEAL A LO REAL

Como ocurre en la mayoría de las situaciones de la vida, la mayor parte de lo bueno a lo que aspiramos es un ideal que no siempre tiene en cuenta la realidad.

La fidelidad aparece como esperada y deseada por más del 89% de las personas que constituyen parejas, sin embargo, no es practicada en esta proporción.

Esperamos la monogamia, pero actuamos incentivando la infidelidad. Transformamos este tema, doloroso para todos, en un aspecto central de la entretención. En televisión existen programas cuyo único objetivo es chismografiar, mostrando las vidas y mentiras privadas de diversas personas del mundo público. La infidelidad está siendo siempre noticia logrando, por la forma en que se trata, glorificarla. Todo se dirige a la morbosidad de los detalles, sin dimensionar los alcances. Lo que vemos es que nada nos genera más interés ni fascinación —de acuerdo a los "rating" de esos programas— que lo relacionado con la vida íntima de las personas públicas, sus romances, su vida sexual y sobre todo sus infidelidades. Si nos asiste alguna duda y no creemos lo que se está afirmando, nos bastaría revisar los programas de alta sintonía o recordar la cobertura que dieron los medios de comunicación a los escándalos de los Kennedy, los Clinton, los príncipes de Inglaterra y muchos otros.

Es así como, por un lado, aplaudimos la monogamia, pero con los hechos desmentimos lo afirmado, al participar en barras anónimas que invitan de alguna manera a ella, incentivándola.

La fascinación por la vida sexual de otros y por el sexo en general, tanto en la moda como en la publicidad o en la vida social de las revistas, permite enfocar estos temas como si los hechos sólo tocaran a las personas mencionadas. No se piensa que esta realidad es un hecho social, en el que esa forma de actuar muestra temores básicos a la base. Es como actuar lo no deseado con el objetivo inconsciente y mágico de tenerlo bajo control o alejarlo de nosotros. Hablamos y nos reímos, pero esperamos que la infidelidad y los problemas de los otros no nos alcancen. Es un modo de escondernos y ocultar nuestras propias limitaciones, debilidades, fantasías y temores tras la máscara del humor y la superficialidad. Es como el conductor de automóviles de carrera y muchas personas que realizan deportes peligrosos, quienes a pesar de tenerle un gran temor a la muerte, viven siempre al límite del peligro, exponiéndose y de este modo sintiendo que lo tienen controlado.

Hay muchas razones por las que las personas no pueden cumplir con este ideal de la fidelidad o no participan de él. Muchos de los que no la practican, siguen pensando que la infidelidad no debería ser tolerada. Así juzgan a los demás y se exculpan a sí mismos. Pueden incluso ser muy severos y castigar duramente al que cae, como una forma de protegerse para que no le pillen sus propios hoyos negros o inconsistencias.

Me ha tocado ver casos en que el marido ha sido reiteradamente infiel; sin embargo, no puede tolerar que la mujer se haya sentido atraída por alguien, como forma de paliar su dolor, salir de una depresión o mejorar su autoestima.

Estoy cierta de que es un tema que es tratado en forma hipócrita, al no participar todos de una forma de vivir más transparente y honesta. Lo anterior nos impide reconocer que tanta fascinación por el tema muestra, en parte, el fracaso de poder mirar la infidelidad con más profundidad y realismo. Estoy convencida de que se requiere otra perspectiva, aquella que no pone el énfasis fuera de nosotros, como algo que no nos alcanza y que es problema de otros, sin pensar en que puede tocarnos.

¿QUÉ HACER?

El análisis debe ir al fondo de la relación, enfrentar la situación producida desde la pareja misma y su acontecer. Comprender el problema, las omisiones de uno y otro, o la inmadurez y liviandad con que se pudo haber actuado. Los pasos señalados permiten asimilar lo sucedido, lograr integrarlo a las vidas personales y hacer posible la renovación del compromiso de lealtad, si es que éste existió.

Algunos creen que echando al saco de la negación, empujando los problemas hacia delante, encontrarán la solución a ellos, sin darse cuenta de que este camino conduce a un callejón sin salida, siendo que la ruta directa es hacerse cargo de la situación y enfrentarla.

Buscar la salida más rápida, decir no ha pasado nada, evitar el dolor o hacer circo con él, son los comportamientos deseados y observados en la mayoría de las personas, aunque ello no arregla ni resuelve nada.

Otros, en el intento por superar rápidamente la crisis, buscan al terapeuta como aliado, sin que exista un interés genuino de reflexión ni cambio. Esperan que éste les entregue la fórmula o el nuevo mentholatum que actúe y ejerza el poder curativo en forma súbita, y así pasar el dolor y escozor de la situación. Éstos son algunos de los aspectos que tienen una presencia permanente y que deberían ser resueltos y enfrentados para asegurarse la salida auténtica de la confusión y el dolor vivido y quedar menos expuestos a que la experiencia de infidelidad se reitere y repita.

Anatomía de la infidelidad

Una constante en la historia

*A*l estudiar la infidelidad nos percatamos de que ésta ha estado presente y ha recorrido distintas épocas dando vida a diversos sucesos de la historia. El paso del tiempo, las revoluciones culturales, los cambios sociales, los avances de la tecnología, le han dado características propias según la época.

La práctica clínica es una ventana privilegiada desde la cual observar esta situación, ya que en ella escuchamos, de primera fuente, la realidad de vida de muchas personas, sus intimidades, alegrías, dolores, y confusiones.

A partir de esa experiencia, es posible analizar una cantidad de datos que pueden configurar una verdadera anatomía de la infidelidad, algunos de sus elementos más relevantes y significativos.

Como la infidelidad no sólo afecta al que la vive sino que son muchas las personas involucradas en el dolor; como no podemos evitar ser tocados por ella, lo recomendable es saber acerca de sus motivaciones, hechos que la inducen y características que la definen, para así poder prevenirla, abordarla en la mejor forma cuando no se haya podido evitar y en algunos casos poder sobrevivirla.

Un hilo rector

Afirmándome en lo escuchado durante los últimos 30 años puedo decir que he ido reconociendo algunos elementos que se repiten en los distintos actores y protagonistas de la infidelidad. Si bien las historias en lo específico pueden ser distintas, por lo general podemos descubrir un hilo conductor similar en ellas.

Lo que no deja de sorprender es que siendo una experiencia recurrente a lo largo de la historia, si bien hoy en día hay en ella ingredientes nuevos, hay otros que se repiten. Entre estas regularidades destacan algunos consejos, creencias, etapas de su proceso, palabras que describen la fascinación, por citar algunas de ellas.

Es común ver que la persona que vive una "aventura" mantiene el hecho separado del resto de su vida, vive un desdoblamiento, creando diferentes cajoncitos que abre y cierra a voluntad. Un día abre el cajón del rol de padre, al otro el de amante, luego el de esposo, no integrándolos en una sola realidad. Es como vivir dividido, racionalizando y reprimiendo lo que le molesta.

Las reacciones habituales frente al hecho de saber la verdad o parte de ella son: sentirse aplastado(a), humillado(a), reventado(a) de dolor. Las frases más escuchadas son: "¡por qué a mí!", "¡no puedo creerlo!", "¡en qué he fallado!", o "¡cómo pudiste hacerme esto!".

Al ser descubiertos, la primera reacción de aquellos que viven una infidelidad, es negarla absolutamente. Parece existir un pacto implícito y generalizado de no decir nada y, si se les pregunta, negar o en último caso decir lo menos posible.

La persona engañada pierde mucho tiempo tratando de entender lo que está pasado, luchando con sus sentimientos y la sensación de que nada de esto tiene sentido. Al parecer, al engañado no le es posible darse cuenta de que es más útil enfrentar la realidad que debatirse en explicaciones o negaciones. Más saludable es analizar cómo se llegó a ello que los ¿por qué? del hecho mismo.

Uno de los consejos que más se escucha es ¡si te pillan o sospechan, niega hasta el final!, sin saber que ése no es el camino correcto, pues no permite resolver el problema y puede producirse una gran barrera por la distancia emocional que se crea. Es frecuente en estos casos que quien engaña intenta hacer creer a la otra persona que está equivocada en sus percepciones e interpretaciones, lo cual genera una angustia intensa que socava la seguridad personal. Este sólo hecho puede transformar al engañado en alguien vulnerable a toda una gama de mayores conflictos y agresiones que conduzcan a la destrucción personal y la de la pareja.

Un dato de los últimos tiempos es que cada vez hay más mujeres que se involucran en relaciones triangulares, así como más hombres que consultan para pedir ayuda por el dolor que produce saber la realidad en la que se encuentra.

La mayor independencia económica de la mujer, el control de la natalidad, el mayor número de oportunidades que se producen en los puestos de trabajo, la menor aceptación a los roles tradicionales, son algunos de los factores que facilitan los cambios en las cifras.

También se ha observado una alta correlación entre conductas permisivas en relación al sexo en la soltería y adulterio en el matrimonio.

Se ha visto que aquellos que se casan jóvenes aumentan la probabilidad de vivir infidelidades a lo largo de la vida. Se observa también una alta correlación entre la variable edad (juventud) situación económica e infidelidad, favoreciendo la presencia de estos factores en el aumento de su incidencia.

S.O.S NO ESCUCHADO

Recuerdo vívidamente un caso en que ambos eran muy jóvenes al casarse y que juntos habían logrado consolidar una buena situación económica; la experiencia vivida por esta pareja me impresionó profundamente por cuanto llegó a límites insospechados, dada su historia.

En diversas ocasiones la mujer le manifiesta al marido sus necesidades afectivas y el abandono en que se encuentra por haber privilegiado otros logros antes que consolidar la relación que habría comenzado tan cercana y fructífera. Estos llamados no son escuchados por él ni comprendidos o tomados en cuenta como un S.O.S que se lanza.

Ella, incluso, le pide al marido que la proteja ante al acoso de un amigo mutuo, sin ser creída ni tomada en cuenta. Esta negación se produce en parte por omnipotencia, lo que hace que el marido, mirando en menos al otro, minimiza los riesgos.

En el caso que recuerdo, el matrimonio ya traía en su mochila de la historia una serie de engaños y traiciones que en su tiempo fueron explicados, pero no totalmente aclarados. El llamado de auxilio fue desoído porque el marido estaba en un flirteo, situación que, como ya dije, se da con más frecuencia en las personas que se casan jóvenes y que logran buena situación económica. Esta pareja llegó a consultar en el momento en que la mujer ya hacía vida paralela con el personaje que había comenzado acosándola y la crisis tomaba dimensiones insospechadas con peligro para ambos y sus familias.

En este caso, al ventilar lo vivido y no conversado, asumiendo cada uno sus propias responsabilidades, surge el deseo de ambos de intentar un reencuentro y recorrer la historia juntos, desentrañando lo que pudo llevarlos a esos extremos.

INFIDELIDAD E INTERNET

Hoy en día existe una nueva modalidad que surge del uso masivo de internet, revolución que comienza en los años 90, cuando irrumpe invasivamente en nuestros hogares. Cada día vemos más infidelidad "en línea", la que parte por un inocente chateo, para continuar por los caminos de cualquier otra forma de infidelidad. Todas ellas cumplen con un patrón de conductas similares, el que se realiza en cuatro etapas. Primero, la cercanía o enganche emocional ya sea virtual o factual, en donde hay comunicación y diálogo. Luego, viene la etapa del secreto, lo que crea complicidad. En tercer lugar, se origina la cita en donde comienza todo y después ya sabemos... A partir de ahí se puede dar inicio a una relación íntima, sea sexual o afectiva, pudiendo ser de corta duración o permanecer por la vida entera.

Alicia, joven separada, sin hijos, al llegar del trabajo, sintiéndose sola y aburrida decide navegar por internet e ingresa a una página de chateo. Encuentra a alguien con quien por varias semanas se comunica. En un comienzo ambos se describen en sus características más superficiales, para luego iniciar temas de naturaleza más íntima, confesándose casado el hombre y separada ella.

Después de varias semanas de conversaciones nocturnas, él sugiere encontrarse y ella acepta como una forma de salir de la rutina.

Luego de una relación de tres años y medio de duración, ella cree haberse equivocado al pensar que no corría ningún riesgo al salir con el amigo cibernético, recordando el tremendo costo emocional que le ha significado la experiencia.

Lo que partió como todas las infidelidades, conversando íntimamente y en secreto, citándose en algún lugar, descubriendo afinidades, fue incentivando la imaginación, favoreciendo el camino para conocerse más íntimamente, dando finalmente paso a una fuerte relación sexual y emocional.

En un comienzo Alicia recuerda que todo era fantástico hasta que ella quiso hacer planes a futuro. Él comienza a sentirse presionado, promete dar ciertos pasos, de los cuales se arrepiente. No plantea abiertamente su conflicto de indecisión sino, por el contrario, le dice que es única, lo que ilusiona y en parte calma a Alicia en sus aprensiones. Sin embargo, al no modificarse nada, ella reclama, lo que provoca el lento distanciamiento y luego la ruptura.

Actualmente vive una sensación de fracaso y soledad luego de haber soñado durante tres años con un futuro compartido.

En los últimos meses fue cada vez más fuerte su sensación de que él estaba en una nueva relación que, seguramente, seguiría los pasos ya conocidos y vividos por ella.

Otro caso es el de Juan, quien en los primeros años de matrimonio, tiene una relación pasajera con una compañera de trabajo en la que, según sus palabras, "no sabe como se metió". A los dos meses su mujer le "encuentra" una boleta de un motel, que lo delata.

Él confiesa a medias lo sucedido, se disculpa diciendo que estaba borracho en la fiesta de la empresa. Le jura amor eterno y, en los esfuerzos por componer la relación, realizan un viaje a la vuelta del cual Edith se da cuenta de que está embarazada de su primer hijo.

Dos años después la mujer tiene una aventura de corta duración con alguien que contacta por internet. Ella "se olvida" de borrar sus mensajes en el computador, los que son encontrados por Juan.

Él llega a consultar en un estado de shock con altos niveles de angustia, describiendo su situación, "no puedo más con la pena y rabia que siento, yo creí que cuando ella supo lo mío me había perdonado; sin embargo, hoy me doy cuenta de que no lo olvidó ni me perdonó." "Creo que todo esto es una venganza." "Yo no quiero seguir con esto, por eso queremos terapia para salir de este círculo."

Todos los actores de este guión viven sentimientos de pérdida y dolor, junto a la sensación de que la vida no vuelve a ser la misma. Todos estos casos se inician como una entretención en la que no se ve riesgo, evolucionando de la realidad virtual a la factual con mucha rapidez, si bien en un comienzo las personas racionalizan e ignoran las consecuencias negativas.

EL REMEZÓN DE LOS CLINTON

La confesión del Presidente Clinton, en 1998, de haber tenido una relación inapropiada e indebida con Mónica Lewinsky, fue un detonante para un gran número de personas. En forma pública se puso de manifiesto la infidelidad con todo su lado deshonesto y secreto.

Este caso fue especialmente doloroso para su mujer Hillary, por los ingredientes de humillación pública que tenía. Sin embargo, y a pesar de los hechos, vimos surgir una mujer que se mantuvo entera y aparentemente serena. Dio la impresión de no haber considerado esta experiencia de su marido como un fracaso personal, emprendiendo un nuevo camino que le permitirá afianzar su identidad.

La pregunta que muchas veces se escuchó fue ¿cómo se queda? Uno ve muy fácil irse cuando el caso le sucede a otro. Muchas veces me pregunto lo mismo en situaciones similares en

31

mi consulta. Lo cierto es que vi a tantas mujeres que no se fueron y ahí comprendí que es más fácil decir ¡yo lo dejaría! que hacerlo.

Algunas captaron lo genuino del arrepentimiento del hombre; en otras circunstancias, a pesar del sufrimiento, lo seguían queriendo. También vi el peso de los recuerdos, de todo lo realizado en conjunto, así como los proyectos futuros. Esas y otras razones también pudieron estar a la base de la decisión de Hillary.

En su caso en especial, ella tenía su propio proyecto político que tenía coincidencias con él. Pudo sentir que a pesar del suceso, él era su pareja, que lo vivido hasta ahora no había sido malo. Puede haber sentido lealtad hacia él justamente como solidaridad por el juicio público a que estaba sometido. La respuesta sólo ella la sabe. Este ejemplo muestra que la infidelidad alcanza a todo el mundo. Cualquiera está expuesto a vivirla y más aún, a ser descubierto. Otra lectura que podemos darle es que para sobreponerse no hay que enfrentarla con una visión cortoplacista sino mirando en una pantalla ampliada, evaluando el pasado y el futuro, no quedándose en la victimización. Hillary dejó en claro, desde el comienzo, que no quería compasión ni tampoco se paralizó en la autocompasión. Serenamente estructuró sus planes para el futuro y los llevó a cabo con entereza.

Esta experiencia de infidelidad tiene algo que de alguna forma me recordó los dichos de un paciente que comentaba "quiero a mi mujer, adoro a mi familia, tengo una vida sexual satisfactoria con mi señora, pero lo que pasa es que esto es diferente y hay novedad". En forma similar, en el caso de los Clinton, ambos declaraban quererse y había amigos que daban fe de ello. Seguramente se casaron pensando ser fieles y tuvieron las intenciones de ser monógamos, a pesar de ello no fue así. La pregunta que uno se hace en este caso es si fue el sexo o la novedad el motivador más potente.

INFIDELIDAD Y CERCANÍA

El mayor número de las infidelidades ocurre entre personas cercanas, amigos, colegas, profesionales que trabajan juntos, enfermeras con médicos y estos últimos con pacientes. Incluso en este último tiempo he sabido con más frecuencia de relaciones con concuñados e incluso hermanos(as), del cónyuge.

La infidelidad con una amiga de la propia esposa o un amigo del propio marido es sumamente frecuente. Para Luisa fue una realidad. "Por mucho tiempo pensé que estaba mal, tenía una sensación nueva, la que me intranquilizaba, lo más fuerte era sentir que la relación con Hugo no caminaba. Llegó el día que le creí a mi intuición y lo seguí. Cuando lo vi entrando al departamento de mi mejor amiga creí que me moría. Me sentí traicionada, humillada, fracasada y con un sentimiento profundo de incredulidad, como que me aferraba a la ilusión de que no era cierto."

"Lo esperé afuera y lo enfrenté, no sé cómo podía hacerlo, temblaba entera pero quería la verdad aunque doliera. Fue el comienzo de una crisis y también de nuestra recuperación."

"Saber que no estaba loca, que podía confiar en mis intuiciones y analizar lo que nos pasaba, lo que había hecho posible esta realidad, nos permitió encontrarnos de verdad."

"Él sólo quería en un comienzo que lo perdonara y que diéramos vuelta la página. Yo no acepté porque así sabía que nadie me podía garantizar que no volvería a suceder." "No puedo trasmitir la dimensión del sufrimiento, el dolor que vivimos, mis angustias, dudas y obsesiones."

"Lo que más me costó perdonar fue el engaño con mi mejor amiga. Si en ese momento no me morí fue de milagro, lo que sí me queda es la certeza de que quedé fortalecida."

De la compulsión a la relación romántica

No todas las infidelidades son iguales

Las infidelidades pueden expresarse en forma distinta, no todas son iguales. Si las pudiéramos visualizar en un continuo distinguiríamos al comienzo las que responden a un patrón compulsivo con una forma obsesiva de vivir la sexualidad, avanzando hacia las relaciones románticas en las que priman los afectos y se viven intensamente.

En el primer caso, la persona requiere un cambio permanente de pareja sexual, usando esta variación con distintos objetivos: protegerse del compromiso con una sola persona para evitar el sentimiento de estar esclavizado por ella; responder a una mentalidad patriarcal y machista que les lleva a sentir que la obligación primordial de la mujer es servirlos en diversas formas, siendo la primera a través del sexo, y el hecho de que depender de la mujer sería una pérdida de posición, por lo que escaparse a su control sería una afirmación a su masculinidad.

Esta forma de razonamiento era más común en el hombre que en la mujer, si bien ellas también pueden realizar elecciones que tengan como objeto evitar los vínculos muy estrechos. Estas experiencias se expresan en otra forma, relacionándose con hombres inalcanzables, por ejemplo, un casado con el cual la posibilidad de concretar una relación tiene un largo camino por recorrer o, en otro caso, con hombres que viven fuera del país, con pocas posibilidades de verse.

Sin embargo, hoy vemos cada vez más mujeres que tienen relaciones compulsivas y cambian de pareja en forma sucesiva. He visto esta dinámica en algunas que, como hijas, les ha tocado ver a sus madres abandonadas por sus maridos/padres, los que a su vez han vivido relaciones sucesivas y compulsivas. Estos padres han ayudado a la creación de la idea de que si son ellas las que abandonan se evitarán la experiencia de ser abandonadas y preservarán su libertad, mantendrán su identidad y alejarán la posibilidad de ser esclavizadas, sometidas y dominadas.

El carrusel de la infidelidad

En las infidelidades compulsivas y sucesivas se vive como si se estuviera subiendo y bajando del carrusel, como en los casos de Hernán y Débora. Hernán estaba en el aeropuerto comprando chocolates para sus hijos, quienes lo esperaban en Valdivia. Su idea era dormir todo el viaje luego de una semana de trabajo y salidas nocturnas, aprovechando su calidad de soltero de verano. Al volver a su asiento, lo encuentra ocupado por una mujer, a quien no había visto antes, se acerca para coger su maletín del suelo e intercambian una sonrisa llamándole la atención el brillo de sus ojos. Se ubica en el asiento del lado y comienza una conversación que dura hasta el momento de desembarcar. Hernán, al descender, lleva los números telefónicos de su compañera de viaje con quien ya tiene una cita para almorzar. Posteriormente se van al departamento de ella. Luego de dos salidas se las arregla para no saber más de ella. Nadie que lo hubiese visto saludando con efusión a su mujer habría podido imaginar este programa.

Hernán tiene una libreta en la que guarda una serie de números telefónicos de potenciales compañeras de aventuras, personas con las que se las arregla para mantener una relación de momentos. Su estilo es ocupar ciertos días de la semana en los que hace sus llamados y se cita sin aceptar que estas personas se introduzcan en su vida en forma permanente, que le pregunten qué hizo durante la semana ni por qué no puede salir los fines de semana. Su estrategia es mantener contacto con muchas mujeres en forma sucesiva.

Él es un cazador de mujeres, está permanentemente al acecho buscando su nueva presa, la que tiene que ser atractiva. Con Alicia, su mujer, tiene una relación tranquila, haciéndole creer que lleva una vida ejemplar. Es educado, algo seductor, por lo que siente que así no pone en riesgo su relación. Cada vez que realiza una conquista y se siente seguro frente a ella, se desinteresa, comienza a ver imperfecciones y rápidamente la cambia por otra.

Para muchos otros Hernán, en este carrusel no existe la posibilidad de elección. El hecho se ha vuelto tan adictivo que la conquista es equivalente al alcohol o las drogas. Necesitan una nueva mujer, lo que se les hace un hábito difícil de vencer. Para una mujer involucrarse con hombres de estas características es la destrucción paulatina de su vida emocional. Ellas son dejadas sin explicación, sintiéndose personalmente rechazadas sin poder saber lo que ha pasado. Sólo una mirada desde la distancia y tranquilidad les permitiría ver que el problema es del otro; el de ellas es alejarse y protegerse. Las motivaciones para esta conducta son las de siempre: mejorar su imagen de macho, alcanzar seguridad en la conquista, sentirse atractivo y joven, vencer el rechazo y tener el control.

Débora va de viaje a Nueva York, pero antes debe pasar por Perú, donde la manda la empresa para el lanzamiento de un nuevo producto. En la fiesta se encuentra con un amigo, al que siempre ha recordado con curiosidad por las experiencias compartidas en la adolescencia. Pasan juntos los dos días en Lima, disfrutando de una intimidad que según ambos siempre desearon. Débora está casada con un hombre que la quiere y que la ayuda para que pueda cumplir con su trabajo y realizarse laboralmente, compartiendo el cuidado y preocupación por los dos hijos cuando ella está de viaje. La relación con su marido es buena según sus palabras, con una vida sexual frecuente pero algo deslavada y rutinaria. Siempre tiene fantasías con otros hombres y los viajes frecuentes le permiten llevarlas a cabo. Racionaliza diciéndose que es sólo por sexo lo que la deja sin culpa ni remordimientos.

En ambos casos vemos que los protagonistas no han tomado la opción de la monogamia, son matrimonios puertas abiertas. Ambos creen que protegen su familia evitando involucrarse íntimamente por largo tiempo. Tanto Hernán como Débora no se plantean problemas con sus conductas. Llegan a mi consulta por otros motivos y me lo comentan como confesores masoquistas, sin vivir emociones genuinas de pena, dolor o incongruencia. El tema surge en una sesión a la que han venido para tratar problemas ligados a su desempeño laboral.

¡ME GUSTARÍA PODER PARAR!

Hay personas que vienen a pedir ayuda por el problema mismo diciendo, ¡me gustaría poder parar pero no sé cómo! Para ellos esta forma de vida se ha vuelto un caos, ya que se sienten sin control, y en esta falta de selectividad y autoprotección viven el pánico y las dudas fundadas de si en este descontrol no se han transformado en portadores de sida. Sienten que están poniendo en peligro sus vidas, sus trabajos y sus matrimonios, pero continúan por ese camino sin poder cambiar ni salirse de la compulsión adictiva; no pueden dejar pasar una oportunidad.

ENTRE EL SEXO Y EL AMOR

En general podemos diferenciar entre las relaciones que buscan sexo y las que buscan amor. En las primeras no se permiten construir planes conjuntos sino contactos parciales, no hay compromiso ni con la persona ni con los vínculos, racionalizan pensando que no le hacen daño a nadie y que es algo pasajero.

Estas relaciones se caracterizan por un estado de exaltación del aquí y ahora, sin más objetivo que la satisfacción del deseo sexual. Lo excitante es saber que no existe futuro y que genera obligaciones. A pesar del sexo, se conserva la distancia. Las personas que participan de estas relaciones están contentas de su corta duración, ya que en caso contrario se sentirían atrapados, complicados en sus propios proyectos de vida, lo que les generaría ansiedad.

Si bien estas relaciones no significan nada para la persona involucrada en el engaño, significan mucho para el que queda fuera de la relación. Estamos recibiendo una noticia buena y una mala. La buena noticia es que la otra persona no le significa nada al infiel, la mala es que esta persona tiene una historia de infidelidades que le impiden comprometerse en algo que no sea pasajero, lo que a la larga va a afectar la relación y también su vida personal. Este cónyuge "adicto a la mujer o al hombre", en relaciones seriales no tiene ningún compromiso con la fidelidad y si bien la relación no es en serio, sí lo es la conducta infiel.

INFIDELIDADES ACCIDENTALES

Las razones por las cuales hay infidelidades accidentales son múltiples. Muchos de estos infieles ejemplifican la situación diciendo "yo me casé para toda la vida, pero nunca dije que iba a ser fiel".

Así como los accidentes suceden y hay un minuto en que uno no puede hacer nada para detenerlos, muchas de las infidelidades también acontecen como si estuvieran fuera de control; aunque está claro que, en estos casos, si la persona estuviera alerta, podría evitar que ocurriese. La infidelidad siempre es una responsabilidad individual y constantemente hay otras alternativas de solución que permitan retomar el control.

¿Por qué no se puede poner freno? Es una pregunta que tiene distintas respuestas: a veces por inocencia, personas que nunca han vivido una situación de infidelidad y que se dejan embaucar por el lenguaje, la seducción y el atractivo de otro, generalmente bastante experto. La curiosidad puede ser un impulso significativo para estos inocentes, si bien ésta puede impulsar también a los que no lo son tanto y que en este sentido tienen experiencia. Aquellos curiosos-inocentes, pueden ser fácil presa de los seductores. Estas personas sexualmente curiosas no siempre se encuentran insatisfechas en este aspecto, pero están a menudo preocupadas de imaginar qué es lo que se pueden estar perdiendo si no investigan o exploran en otros campos. Muchas parejas con una fidelidad matrimonial prolongada desean encontrar lo que no han conocido.

EL PRECIO DE LA CURIOSIDAD Y LA INOCENCIA

Éste es el caso de Raúl, quien había sido fiel a lo largo de su matrimonio. Disfrutaba del sexo y pensaba que estaba pasándolo bastante bien con su mujer, pero en la oficina todo el tiempo oía hablar de las experiencias de otros con sus compañeras de oficina o incluso con prostitutas que tenían su departamento cerca del lugar de trabajo. Aun cuando no había nada de malo en su matrimonio, él muchas veces imaginaba lo que se estaría perdiendo. Un día, en vísperas de Pascua y con ocasión de una fiesta en el trabajo, Raúl se sentía algo sensible y apesadumbrado, su padre acababa de morir, y ésta sería la primera Navidad sin él. La madre no se recuperaba del dolor y pesar por el deceso; él, como hijo preocupado, se estaba haciendo cargo de ella. En la celebración, una de sus compañeras se le acerca insinuándose, lo que le tensa y se aleja. Esta situación despierta en él una creciente obsesión, debatiéndose entre las dudas y deseos, hasta que finalmente se rinde.

En muchas oportunidades lo que surge después de una relación accidental es un sentimiento de pánico, el temor a ser descubierto por un lado, a que este suceso afecte el matrimonio y, por otro, a continuar esta relación y ser objeto de un chantaje emocional que lo denuncie. En estas ocasiones, muchas de las energías de la persona se gastan en el esfuerzo por mantener esta relación encubierta, guardando el secreto.

El vínculo romántico

En un grado de mayor cercanía se ubican las infidelidades que buscan afecto y amor romántico. En ellas se alcanza la idealización de la persona elegida, lo que habitualmente se acompaña de la descalificación de la pareja estable. Se trata de relaciones caracterizadas por el fuerte contenido emocional de parte de los actores; la relación es importante y reconocida como tal, se está consciente y preocupado por integrarla en la vida personal, dudando entre tomar una decisión definitiva o no. Estos amores pueden durar meses, años, no saberse de su existencia hasta que uno de ellos desaparece y el otro hace su aparición.

Hay ocasiones en que estas relaciones románticas parten por un vínculo pasajero que fue haciéndose permanente en el tiempo. A veces es necesario tomar decisiones, lo que produce problemas. La situación se vuelve difícil especialmente cuando el miembro engañado denuncia el hecho al descubrirlo y se produce un quiebre. Comprender y aceptar que un esposo quiere a otra persona ajena al matrimonio es una experiencia muy dolorosa.

En algunos de estos casos el engañado ha estado deprimido(a), durante mucho tiempo, consultando médicos y psicólogos en busca del alivio a su enfermedad. Una paciente me dice "necesito ayuda, estoy muy deprimida: mi marido tiene una relación con otra mujer que dura mucho tiempo; yo creí poder manejarme con esto pero me ha sido imposible".

En otras ocasiones estas relaciones se revelan en el momento en que uno de los miembros de la pareja muere. Éste es el caso de Alberto, quien dice: "pensé que estábamos casados felizmente y que habíamos alcanzado los 50 años de matrimonio sin ningún problema, pero cuando Myriam murió, fui a revisar unos papeles y cartas en que se revelaba esta relación; ella había tenido un affaire durante 20 años con un amigo mío; así comprendí por qué había momentos en que sus comportamientos me parecían extraños, pero sentí al mismo tiempo mucha rabia de no poder preguntarle y confrontarla pidiéndole explicaciones. No sé por qué lo ha hecho, siento como que fue un fracaso mi vida".

Saber acerca de todos estos elementos vinculados con una relación infiel, puede permitir a las personas tomar resguardos frente a ellos, saber que se producen por una atracción interpersonal propia de la cercanía y la intimidad, lo que permitiría en un primer momento poder poner los frenos adecuados y necesarios, especialmente si se saben las consecuencias.

Segunda Parte
Casos especiales

Los tres vértices del triángulo

EL TRIÁNGULO Y LA RELACIÓN

*L*as infidelidades pueden tener duraciones variables, fluctuando desde días, meses, años, hasta toda la vida. Si el episodio es de corta duración, el tercero será alguien transitorio, posiblemente sin repercusiones futuras, dado que se toma como una entretención del momento. En aquellas que se prolongan en el tiempo, el tercero adquiere mayor importancia emocional, se transforma en alguien que participa de la intimidad del matrimonio o de la pareja de hecho, lo que da origen a un triángulo.

Esta figura geométrica, en su forma, sirve para representar la estructura de las relaciones en general y de la pareja en particular, cuando un tercero se introduce en el matrimonio.

Cuando dos personas ligadas por lazos de amor, amistad, trabajo, tienen un conflicto y no lo aclaran entre ellas, buscan la presencia de un tercero que actúe como árbitro o permita estabilizar la relación. El caso más típico es el de una pareja con problemas en que uno o ambos buscan la alianza de un hijo como agente intermediario o estabilizador.

Los esfuerzos que se realizan para resolver los problemas que surgen de necesidades contradictorias, dan origen a ciclos alternativos de separación y cercanía, los que habitualmente se viven con ansiedad. Uno o ambos miembros de la pareja experimenta incomodidad, y si la tensión aumenta, comienzan a vivir un proceso que los desborda. Éste es el momento en que la formación de uno o más triángulos surge como forma de reducir la tensión y estabilizar la relación. Toda aventura extramatrimonial ha sido representada como un triángulo, en el que cada vértice es ocupado por un participante.

La persona que ocupa la tercera punta puede ser soltero(a) o casado(a). En el caso en que ambos amantes sean casados, se forman dos triángulos relacionados.

TRIÁNGULOS INTERCONECTADOS

Es el caso de dos parejas: Sergio y Elizabeth y Fernando y Rosa María. Si esta última y Sergio tienen una relación íntima, el primer triángulo estaría formado por Sergio, Rosa María y Elizabeth, y el segundo por Fernando, Sergio y Rosa María, interconectándose así ambas parejas.

Fernando y Rosa María se casan muy jóvenes y enamorados. Trabajan juntos formando una buena situación económica en una empresa de importaciones. Realizan viajes frecuentes, compran dos autos y una casa acogedora. Ambos disfrutan juntos tratando en un comienzo de no tener hijos para vivir más libremente. Consolidan su situación, sintiéndose felices y realizados.

Rosa María, por su cuenta, sin compartirlo con Fernando, considera que a los 28 años está en la edad precisa para comenzar a formar una familia y se las arregla para quedar embarazada.

Fernando siente rechazo al hecho en sí y a no haber sido consultado. A pesar de haber deseado pedirle que interrumpiera el embarazo, no se atreve a plantearlo. Aunque no lo expresa en realidad, se ha sentido pasado a llevar por la decisión unilateral que tomó su cónyuge en un asunto de tanta trascendencia. En apariencia, nada parecía haber cambiado; sin embargo, Fernando vive en silencio la molestia, la desazón, los celos y el temor a lo nuevo, sintiendo que Rosa María les dedica menos tiempo y atención al trabajo y a él.

Rosa María percibe la molestia y el cambio de actitud de Fernando pero, como el tema no se habla, no sabe el grado de frustración de su marido. Luego del nacimiento del hijo se hace más evidente el distanciamiento, el que se agrava al quedar embarazada por segunda vez. Fernando comienza a hacer explícito su malestar no ayudando en las tareas del hogar y contestando mal cuando se le pregunta qué le pasa. La vida sexual, las entretenciones, los viajes desaparecen de sus vidas. Si bien ella busca las razones para esta situación, está tan ocupada con su maternidad que rápidamente se tranquiliza pensando que todo va a pasar, sin comunicarse francamente.

Un día se hace necesario agrandar la casa y Fernando deja que Rosa María se haga cargo de buscar al arquitecto, ver los planos y tomar las decisiones. Una amiga le recomienda a Sergio, casado con Elizabeth, quien habría hecho la ampliación de su casa. El hecho de estar casado no impide que Sergio se fascine con Rosa María, manifestándolo en diferentes formas. Al mismo tiempo que le hace saber lo mal que está su matrimonio y lo pobre que es su vida sexual con su esposa.

Ella encuentra que Sergio le presta atención, la ayuda y aplaude en todo. Se siente revivir al ser atendida, escuchada y tomada en cuenta.

Cada día ve a Fernando más volcado a su trabajo y huraño. Observa que toma de más en las noches y muchas veces se queda dormido fuera del dormitorio. Ella no entiende cómo pudo amarlo tanto sintiéndolo cada vez más extraño a ella.

A los seis meses de la iniciación de los trabajos, Rosa María y Sergio llevan diez encuentros sexuales celosamente ocultados, por los que ella se siente cada vez más fascinada. Este estado le impide darse cuenta de que Sergio ha dejado de hablar mal de su mujer y sus problemas, comenzando a espaciar los encuentros.

Fernando, quien en todo este tiempo no se había dado cuenta de nada, comienza a prestar atención a algunos hechos puntuales: encontrar un maletín portapapeles de Sergio, en su casa, después de haber terminado los trabajos o que al contestar el teléfono la llamada se corta. Este hecho se repite y cree haber reconocido la voz de Sergio en algunas ocasiones.

Un día se siente enfermo y al volver más temprano a casa, lo ve saliendo de ella. Comienza a indagar, se vuelve violento y acorrala a Rosa María hasta que ella confiesa que se han visto algunas veces, pero negando casi todo.

La reacción furiosa de Fernando lo lleva a decidir ir a hablar con Elizabeth, quien al verlo bebido, fuera de sí y sin ninguna prueba concreta que demuestre lo que sospecha, piensa que es un ataque de celos de los muchos que ha visto de los esposos de las clientas de su marido.

Rosa María llama a Sergio para contarle lo que ha pasado, pero este le contesta en forma fría y distante, lo que la hace sentir engañada y usada.

A raíz de los hechos y la violencia desatada, ambos resuelven pedir ayuda. Fernando se permite expresar toda la frustración acumulada así como los sentimientos de abandono y rabia por lo que él dice ha sido la actitud de su mujer desde que llegaron los hijos. Rosa María comunica su sensación de aplastamiento, abandono y ausencia de libertad para poder elegir ser madre y esposa a la vez. El camino que les tocó recorrer fue difícil debido al círculo vicioso de acusaciones y quejas que se mantiene por mucho tiempo. Finalmente ambos asumen sus responsabilidades: ella por haber tomado una resolución importante para la vida de ambos sin consenso previo, él por haber roto el diálogo y abandonado a su mujer en momentos en que era necesario compartir.

Ella se entera de que Sergio está tomando otros trabajos nuevos y posiblemente comenzando un nuevo ciclo de conquista.

LA INTIMIDAD: EL TALÓN DE AQUILES

La existencia de una relación extramatrimonial da cuenta de un sistema emocional en desequilibrio, cuyo talón de Aquiles es el tema de la intimidad. Puede haber insatisfacción en este ámbito, lo que lleva a frustración y rabia con consecuencias negativas y destructivas ya sea para uno, el otro o ambos.

Si vivir íntimamente, hablar de los temores, de los deseos y de las necesidades sexuales se hace difícil o casi imposible para una pareja, la persona no escuchada comienza a sentirse alienada, sin reconocimiento o validación y desplazada.

Uno u otro tratarán de disminuir la incomodidad, trasladando la atención hacia otra persona, cosa o situación, o terminarán resignándose.

Este movimiento hacia fuera puede, inicialmente, no ser hacia alguien con quien vincularse sexualmente, sino con una situación, objeto o persona que le dé más fuerzas para enfrentar su relación. Puede tratarse inicialmente de un familiar como la suegra, un hijo, el padre o la madre; el trabajo, un hobby, el alcohol o la droga. Cuando "la movida" antes aludida se orienta a la búsqueda de una persona con quien vivir la intimidad que se siente que se ha perdido en el matrimonio, se configura el triángulo de la infidelidad.

La función de estos triángulos es permitir externalizar el conflicto. Se trata de pelear por la presencia o ausencia de la suegra o el alcohol, no tocando los temas o situaciones de conflictos propias de la pareja, los que se mantienen ocultos. La aventura puede satisfacer las necesidades individuales de más sexualidad, pero evita tratar los problemas de fondo en relación a la dificultad de cercanía e intimidad.

Celos, violencia y sentimiento de abandono

Los triángulos interconectados, como el caso antes descrito, llevan a experimentar celos, violencia, sentimientos de abandono a que emerja la violencia, creándose un conflicto. En el caso señalado, los hechos fueron reales y vividos por los personajes. Sin embargo, también me ha tocado ver parejas en las que los triángulos son fantaseados por uno de ellos, como Alfonso y Carmen Gloria.

Apenas transcurridos unos meses de matrimonio, Alfonso manifiesta celos de los hombres con quienes Carmen Gloria trabaja o se encuentra en reuniones sociales. La queja de Alfonso es que se interesa más en ellos que en él. Dice "cuando salimos a cualquier parte, ella trata a los demás mejor que a mí, su comportamiento es como si yo no existiera, no me dirige la palabra, no me mira y hasta pone la cartera entre nosotros cuando voy a sentarme a su lado. Alfonso siempre tuvo inseguridades en relación a ella, las que cree se le van a pasar con el matrimonio, al tenerla más cerca y controlada. Sin embargo, al no expresar sus sentimientos y seguir sintiendo lo mismo, sin la esperanza de que la situación se modifique, lo vuelve en una persona alerta, suspicaz y desconfiada, todo lo cual a su vez incrementa su sentimiento de exclusión.

Otra triangulación fantaseada es la vivida por hombres donjuanes, en quienes se observa la agudización de los celos después de contraído el matrimonio o establecida la pareja. Ellos viven infidelidades sucesivas, las que les generan sentimientos encontrados. Su defensa, de la cual no son conscientes, es proyectar en su mujer las conductas de flirteo que él practica. Esto es usado como una forma de ejercer control y manejar la situación, atacando antes de ser atacado.

Es el caso de Alexia y Ricardo, quienes consultan contando que en el último tiempo él se ha vuelto un perseguidor obsesivo de Alexia. Ella no puede conversar libremente en situaciones sociales, ya que él está siempre alerta siguiéndola con la mirada. Si ella dedica más tiempo que el aceptado por él, la llama amenazándola con hacer un escándalo o abandonando el lugar. Sus palabras lo delatan al decir "yo sé cómo son los hombres", "siempre tienen una mujer en la mira", "estas conversaciones tan inocentes terminan siempre en un hotel".

TRIÁNGULO FEMINISTA Y MACHISTA

Hay otros tipos de triángulos como el feminista y el machista que provocan conflictos a la relación. Sus nombres dan cuenta del género de la persona elegida que opera como el tercer vértice del triángulo.

El feminista se refiere a la presencia de una amiga que genera la queja del marido porque, según él, le influye con malas ideas y ejemplos.

Este patrón de influencias y contrainfluencias está presente permanentemente en la vida y no siempre corresponde a "malas compañías". Puede que en un determinado momento la esposa busque su desarrollo personal, iniciando estudios o tomando cursos en los que encuentra a una amiga que no comparte ciertas ideas del marido, lo que dará inicio a una batalla por el dominio sobre ella. Puede que el marido no acepte reconocer que está enojado por el movimiento de mayor libertad de su señora y exprese el conflicto de manera encubierta atacando la nueva amistad.

El triángulo machista se refiere a la presencia de un amigo que es visto como ejerciendo influencias en el marido, compitiendo con la mujer en cercanía e intimidad. Son relaciones anteriores al matrimonio, con quienes se mantiene el contacto. La esposa tiende a sentir que esta persona copa un espacio que esperaba para sí o para los hijos del mismo modo como lo vive el marido en relación a la amiga; ambos se sienten desplazados.

Infidelidad y necesidades

La formación de una relación triangular con una persona puede servir a varios propósitos y producir una serie de efectos en la pareja: calmar al disconforme sin perturbar al otro, regular la distancia emocional, estabilizar la relación o el matrimonio al encubrir el conflicto o crear un problema sin retorno. La presencia de un tercero indica que la pareja tiene dificultades en el manejo de la cercanía, la distancia, la confianza, el apoyo y el dolor. El tercero puede ser la morfina que calma el dolor y genera sentimientos de alivio y cercanía.

Lo que hemos visto como ingredientes en la formación de los triángulos, se define en tres palabras: insatisfacción de necesidades. Uno o ambos no están dispuestos a captar los requerimientos del otro de más atención, cuidado, seguridad, entretención y apoyo.

Las palabras que más usan para describir su realidad las mujeres casadas que se involucran en triángulos son aburrimiento, descuido, desatención, falta de conciencia de su presencia e interés por lo que ellas aportan o sienten. Dicen ser tratadas como si no contaran.

Los hombres no describen a sus mujeres como aburridas, más bien en forma mayoritaria las critican por frías, poco sensuales y rechazantes en lo sexual. Las quejas compartidas son las mismas, sentirse poco apreciados, no queridos, menos atendidos que los demás, no ser vistos cuando llegan o echados de menos cuando no están ni compartiendo y alegrándose con sus éxitos. Ambos señalan que su pareja se fija más en sus defectos que en sus cualidades, que se sienten criticados todo el día o que el otro tiene un afán de dominio, tratando al ejercerlo de cambiarlos(as) o de someterlos(as); incluso a veces señalan que su cónyuge es su peor enemigo.

Las insatisfacciones facilitan la creación de triángulos que muchas veces nos sorprenden. Hombres casados con mujeres que despiertan la atención y el deseo de muchos varones, se relacionan con otras que no tienen las cualidades de sus esposas. También mujeres casadas con hombres exitosos, valiosos, bien presentados y buscados por otras mujeres, se relacionan con alguien que es justo el opuesto del marido o pareja. Poco atractivo, intelectualmente inferior, de otra condición social y, a veces, inestable. La explicación para ambos casos es la falta de satisfacción de las necesidades, lo que lleva a buscar lo que no está disponible. Éste es el caso de la insatisfacción en el ámbito sexual, que puede ser el detonante de la infidelidad.

Hay muchas parejas que se dicen felices, pero en ellas el erotismo se encuentra en el último lugar de prioridades. Éste es un resquicio por el cual se sale para buscar a un tercero que satisfaga la carencia.

Los pasos a seguir, por aquellos que consultan y los que no lo hacen, son cambiar las conductas anteriores a la aventura y trabajar para restablecer la confianza.

Cuando la infidelidad se transforma en un tema abierto, es importante que el cónyuge que está teniendo la aventura se haga responsable de su conducta y opción sin tratar de disculparse echándole la culpa a los demás o a otros problemas. Cada cual tiene que asumir su responsabilidad, ya que sin importar cuáles sean las causas que permiten comprender el desenlace, en último término, la infidelidad es siempre una opción personal. Se trata de que cada uno asuma lo que le corresponde.

Infidelidad femenina

La igualdad: un ideal

Cada vez se busca y habla más de la igualdad entre el hombre y la mujer. Se espera que ambos aporten económicamente, se igualen sus opciones, sus rentas y posibilidades. Que asuman responsabilidades compartidas en la realización de las tareas de la casa, en la formación, educación y diversión de los hijos. Sin embargo, en relación a la infidelidad, esta igualdad desaparece y existen numerosos mitos que dan cuenta de ello.

Se cree que la infidelidad en el hombre es menos negativa que en la mujer; que el matrimonio le acomoda más a la mujer que al hombre; que éste es más sexual e infiel que la mujer. Se escucha frecuentemente aconsejar que si el infiel es el hombre, la mujer debería hacer como que no sabe o perdonarlo. En caso de serlo la mujer, la creencia sigue siendo opuesta a lo anterior; habría que castigarla, quitarle los hijos y abandonarla.

A partir de estos planteamientos, escuchados a menudo en las terapias de pareja, es fácil inferir que el ideal de igualdad no se aplica como desearíamos en el ámbito de la infidelidad.

DESMINTIENDO LAS ENCUESTAS

Según una encuesta de la Fundación Futuro, el 48% de las mujeres ha tenido un amante durante el matrimonio. Estas cifras, según mi experiencia y los datos que consignan otras investigaciones, son mayores.

En los años 80 constituyó una sorpresa para mí constatar el fuerte incremento de consultas femeninas por el tema de la infidelidad. El conflicto que planteaban se vinculaba a la decisión entre seguir en el matrimonio o abandonarlo todo por la nueva relación. Así también, a lo largo de los años, me fue asombrando cada vez más cómo los patrones asignados por los teóricos a la infidelidad femenina no se cumplían.

Éste es el caso de Inés y Marta. La primera, al volver de su luna de miel y reintegrarse al trabajo, comienza una relación con un compañero de oficina con el cual jamás se habría imaginado tener algo en común que compartir que no fuese la función laboral.

Marta viaja a Buenos Aires con dos amigas y conoce a Maximiliano con quien siente una fuerte afinidad. Ella tiene 38 años y 15 de matrimonio. Nunca se había planteado vivir una aventura, sin embargo, comienza una relación que en parte la realiza y en otra, la agobia. Lo explica diciendo: "me hizo volver a sentir que era importante y que estaba viva", y agrega "él es lo opuesto a mi marido, que si bien es muy bueno, me da todo lo que necesito, no me ha prestado atención ni me ha tomado en cuenta en las decisiones".

Ambos casos tienen en común que ninguna de las mujeres pensó en vivir este tipo de experiencias y que ambas eligieron personas completamente opuestas a la personalidad de los maridos. Marta señala ver en Maximiliano a alguien expresivo y entusiasta. Inés describe a su compañero de trabajo como alguien activo, extrovertido y conquistador, distinto a su marido.

Queda claro que en relación a la infidelidad femenina es muy difícil generalizar, ya que cada caso es una experiencia única. Lo que más me sorprendió en aquella época fue la facilidad con que entraron a estas relaciones, especialmente en el caso de Inés, la que venía llegando de su luna de miel.

Lo que ambas destacan es lo que describe con toda claridad Marta: "yo a Maximiliano lo vi en diversas ocasiones en Buenos Aires, me llamó la atención su alegría, vivacidad, lo que contrastaba con la actitud de mi marido que cada vez es menos expresivo, viviendo en forma opaca y sin alegría. En el segundo encuentro hablamos hasta avanzadas horas de la madrugada, y me invitó a almorzar al día siguiente, siempre que no me creara problemas con mis amigas. Dudé mucho si aceptaba o no pero venció mi deseo de novedad, especialmente la sensación de sentirme nuevamente joven. En el almuerzo nos dimos cuenta de nuestras afinidades, el gusto por el arte, el rechazo a la rutina, y la búsqueda de experiencias nuevas. Nos reíamos por las mismas cosas y me aconsejaba como sacar mi relación de pareja de la pasividad en la que se encontraba, a pesar de que él era soltero. Ninguno de nosotros pensó en unir nuestras vidas pero fue una relación que duró cuatro meses; él vino a Chile, yo volví a Buenos Aires hasta que finalmente la distancia y el agobio se impusieron, decidiendo seguir siendo amigos y guardando el recuerdo de lo vivido."

La recién casada también señaló querer a su marido, pero siendo él introvertido y poco expresivo, no le permitía sentirse deseada.

Según los estudios y encuestas, las mujeres en su mayoría necesitan estar involucradas afectivamente para iniciar una relación, lo que en estos dos casos se encontraba ausente. También los datos dan cuenta de que la mayoría de las mujeres casadas se relacionan, preferentemente, con hombres casados, lo que tampoco se cumple en los ejemplos que acabamos de ver, ya que ambos eran solteros.

¿POR QUÉ LAS MUJERES BUSCAN OTRAS RELACIONES?

Muchas son las razones barajadas para explicar la infidelidad femenina, sin embargo, no hay acuerdo sobre ellas. Se dice que las mujeres tienen aventuras para su gratificación emocional. Afirman que les mejora la autoestima recibir una valoración positiva, tanto en lo físico como en lo afectivo. Destacan, como razones, la necesidad de alejar la sensación de soledad, así como el deseo de vivir nuevas experiencias y probar lo que muchas amigas hacen; otras llegan a confesar haberlo hecho por venganza.

En un estudio realizado el año 96 en EE.UU. aparecen las siguientes explicaciones que confirman lo que me ha tocado observar en la consulta:

- Necesidad de cercanía e intimidad.
- Mejorar la autoestima al recibir más reconocimiento como persona y por sus habilidades.
- Alejar los sentimientos de soledad, por la ausencia de alguien que las escuche y entienda.
- Volver a sentirse jóvenes y sensuales, al sentirse buscadas y deseadas.
- Tener libertad para experimentar nuevas experiencias con el amante, pudiendo sentir que con el marido esto ya no es posible.

- Desarrollar una mayor capacidad de comprenderse a sí mismas, explorando sus sentimientos, al tener a alguien que se preocupe por ellas.
- El temor a envejecer y perder para siempre la posibilidad de sentirse atractivas para un hombre.
- La aseveración de que las mujeres se vuelven infieles por romanticismo parece haber quedado en el pasado. Para muchas es una experiencia nueva, entretenida y de autoexploración.

Muchas de estas razones podemos verlas representadas en el caso mostrado en la película *Infidelidad*. En ella aparece la mujer buscando compulsivamente el sexo a pesar de tener un matrimonio aparentemente feliz. En ella busca a un hombre joven, con quien explorar una nueva sexualidad, agresiva, con fuertes atracciones y condiciones de novedad y conquista, que la hacen sentirse joven alejando de su pensamiento su tendencia también compulsiva al orden, la perfección y la responsabilidad.

Como señala Paula, "me casé con Alberto a los 21 años, fue el primer hombre en mi vida sexual y me enseñó con dedicación; era un buen marido". "Yo escuchaba de mis amigas diferentes historias respecto a sus vidas sexuales, se las contaba a Alberto y él se reía de mí."

"Si bien siempre me buscaba, con el tiempo me di cuenta de que nuestra vida sexual se había vuelto rutinaria: siempre el mismo día, posición y hora. Compré libros para leerlos juntos y renovarnos pero él no los aceptaba ni variaba. Yo entré en una especie de curiosidad morbosa acerca de lo que me estaba perdiendo y fantaseaba juegos eróticos con alguien entretenido antes de envejecer."

Paula era bioquímica y trabajaba en una empresa multinacional. En un momento dado le corresponde asistir a una reunión para América Latina en Brasil, en donde un miembro del comité organizador la persigue y se le insinúa. Paula le sigue el juego y, bailando, él la besa en la oreja en forma diferente a lo acostumbrado. Paula dice "desde el momento en que me tomó para bailar sentí que todo se paralizaba alrededor y pensé esto era lo que andaba buscando", "vivimos dos días de mucho sexo intercalado con las reuniones de la empresa. Con él el sexo era erótico y peligroso, eso mismo quería con Alberto". Para Paula quedaba claro que no quería romance sino divertirse y explorarse sexualmente.

Este caso muestra la necesidad de incorporar la diversidad al matrimonio, siendo tarea de ambos. También vemos que si bien hay casos en que el enamoramiento es previo al encuentro sexual, hay otras situaciones en las que la motivación central es la curiosidad y no el romance, como podría darse en los hombres.

Buscan en el otro lo que no encuentran en el marido. Este hecho siempre me llamó la atención, y me sigue aún sorprendiendo lo frecuente que es la elección de lo opuesto. Es así como mujeres casadas con hombres exitosos, en los negocios o en el plano político, se encuentran con un ser sensible, idealista, necesitado de protección, ingenuo, inseguro, al cual protegen y le solucionan los problemas. Si el marido es alguien que no acierta en los negocios, vive con problemas, se muestra inestable y conflictivo, buscan a alguien que les dé seguridad. Si el marido es rígido, planificado, con buena situación pero distante, se buscará al soñador que le permita volarse, aún sabiendo que no podrá darle solidez.

Entre los casos de infidelidad por temor a envejecer, recuerdo a Florencia, quien me decía, "yo estaba pasando los 40 años, me di cuenta de que la vida se me iba tan rápido y que me había dejado estar. Decidí comenzar un entrenamiento en el gimnasio. Perdí 6 kilos, me sentí más joven y atractiva y empecé a querer innovar en todo sentido. Empecé a salir más, a comprarme ropa a la moda y a buscar un sexo más atrevido. Ahí me di cuenta de que mi marido no estaba para nada dispuesto a que yo le cambiara todo su esquema de vida ni que le impusiera mis nuevos anhelos y deseos cuando nunca antes había sido así".

Almorzando con Sabina, una amiga, le confidenció lo que sentía y estaba viviendo. Ésta a su vez le contó que hacía tres años había tenido una aventura corta y que había sido increíble el efecto que había tenido en ella. Le dijo "yo la busqué y fue un tónico, si bien también me dejó un sentimiento de culpa por mucho tiempo".

A Florencia, la conversación la empujó a realizar una acción que hasta ahora no se había atrevido hacer. Dio un paso de acercamiento hacia un compañero de trabajo que siempre la buscaba. Lo llamó a su oficina, con la disculpa de hablar de un presupuesto. Se preparó con esmero en la vestimenta, el perfume especial y en la forma en cómo lo iba a abordar.

Todo se dio bien, acordando salir al día siguiente a la hora de la colación. Al llegar al hotel se sintió inhibida pero pensó que se le pasaría. El compañero sintió lo mismo y el encuentro se redujo a una buena conversación. Sin nada que le tonificara el yo, como a la amiga. Florencia quedó con la idea de que ésta le había mentido. Luego de este fracaso, se decidió a seducir a su marido, sin querer imponerle nada, ni hablar el tema, para que no le aparecieran las defensas. Se dio cuenta de que era imposible cambiarlo si no había motivación y que todo deseo de modificación tenía que nacer de él. Puso todas sus energías al servicio de reencantar la relación, logrando compartir con él sus sentimientos, hablándole de su temor a envejecer, descubriendo que a él le sucedía lo mismo. Esta experiencia frustrada, según sus palabras, "tuvo efectos positivos en mí y en nuestro matrimonio".

Revisando fichas y analizando las razones dadas por muchas mujeres como explicaciones para iniciar una nueva relación, pude corroborar que ellas aprecian la fuerte conexión emocional con la persona, la intimidad, la cercanía, el reconocimiento que hacen de ellas tanto en sus cualidades como en sus conductas y en la demostración, por parte del hombre, de las necesidades de contacto. Destacaban también la facilidad para conversar con esa persona, ser escuchadas, compartir experiencias y explorar juntos sus sentimientos, recibiendo atención y cuidado. En otras palabras, lograr ser escuchadas, contenidas, valoradas, comprendidas y estimuladas.

Isabel fue mujer monógama, dedicada a sus hijos, siempre atenta a las necesidades del marido, al que ayudó en todos sus proyectos, logrando juntos la prosperidad. Ella tuvo varios embarazos seguidos en los que estuvo sola, ya que él estaba en la cumbre de sus éxitos dedicándole el máximo de tiempo a su trabajo. Ella necesitaba apoyo y reconocimiento como mamá y dueña de casa. Él le entregaba todo el dinero que necesitaba pero estaba completamente absorbido y preocupado por incrementar su patrimonio. Repentinamente se produjo una cercanía peligrosa con el pediatra de los hijos, quien la escuchaba y acudía presuroso a sus llamados. Ella, al enfrentar la realidad vivida y una vez que la crisis estalló, le enrostró a su marido que no era el dinero lo que ella pedía sino que hubiese estado disponible en algunas de las oportunidades en que la angustia la comía por las numerosas emergencias vividas.

Estas situaciones de abandono y falta de valoración de su aporte al bienestar son bastante comunes y facilitan el camino hacia el tercero.

MITOS QUE DESHACER Y REALIDADES QUE OBSERVAR

El mito que sostiene que el matrimonio satisface más a la mujer que al hombre es una afirmación fácilmente refutable. Basta ver la enorme cantidad de mujeres que acude a consultar quejándose de sus estados anímicos y la alta correlación que se ha encontrado entre depresión y mala relación de pareja. Estos datos confirman la alta frecuencia de insatisfacción de la mujer con el rol que le toca desempeñar.

Que la infidelidad masculina es menos negativa que la de la mujer es también un hecho creado por los interesados en mantener ciertos derechos. Lo cierto es que los sentimientos de dolor y devastación son similares para ambos.

Que el hombre es más infiel que la mujer es algo que las cifras desmienten.

Algunas realidades encontradas, luego de revisar la casuística conservada, me permiten sostener las siguientes afirmaciones:

- Los hombres toleran peor la infidelidad de sus mujeres porque no están preparados culturalmente para ello.
- En sus infidelidades el 75% de las mujeres se relaciona con hombres casados y sólo el 25% lo hace con solteros. Algunos de los casos presentados en este libro son representativos de esta realidad.
- Las mujeres que trabajan fuera del hogar son más frecuentemente infieles que aquellas que no lo hacen.
- La edad más frecuente para que una mujer viva una infidelidad es entre los 35 y los 45 años. Aquellas infi-

delidades que comienzan antes son de mayor costo para el matrimonio.

- Las mujeres sufren mayor desgaste, costo emocional, viven más culpas y tensiones que los hombres, cuando se involucran en una infidelidad.
- La mayoría de las infidelidades femeninas surgen con personas cercanas con las que conversan y encuentran afinidades. El obstetra, el profesor de natación, de tenis o de equitación, el pediatra, el instructor de gimnasia, el amigo, el socio u otra persona próxima al marido son los recursos más frecuentes de la mujer.
- Las horas que ocupan en el encuentro son aquellas que despiertan menos sospechas. Si bien la mujer oculta mejor la infidelidad que el hombre, la tensa más y le provoca mayor angustia y contradicción que a ellos.

Generalmente, comienzan pensando en lograr traer algún oxígeno a la relación sin querer romper el matrimonio; no obstante, a poco andar son tantas las culpas, carreras y afanes, que terminan estresadas, entrando en un estado de conflicto mayor. Esto logra enrarecer el aire de la nueva relación o de la antigua, precipitándose el desgaste y la ruptura.

Un tipo de infidelidad común a algunas mujeres, que sorprende y llama la atención, es el amor platónico que se da especialmente con compañeros de trabajo, compartiendo cercanía e intimidad ocasional, sin llegar a tener sexo. Sin embargo, este tipo de relación también provoca daño en la convivencia.

Respecto a la sexualidad, he observado que son más las mujeres que los hombres quienes se sienten insatisfechas sexual y afectivamente y que no siempre manifiestan su infelicidad.

ALGUNAS CONCLUSIONES

La idea de que para tener otra pareja la mujer debía enamorarse es una afirmación que poco a poco está quedando en el pasado.

Los diferentes tipos de infidelidad mayoritariamente descritos para los hombres, se han ido generalizando e involucran activamente también a las mujeres. Si bien se han destacado muchas diferencias entre la infidelidad de la mujer y del hombre, no es menos cierto que lo tajante de estas diferencias se ha ido borrando. Hoy en día hay mujeres que dicen "quiero a mi marido, no quiero romper con él, compartimos gustos e ideas, pero esta relación me ha traído aire y ha sido un alto a la rutina y las obligaciones".

En términos generales podemos decir que todas estas infidelidades son triángulos cuyo objetivo es resolver un conflicto ya sea de distancia, frialdad, ausencia de intereses comunes, mediante la presencia de un tercero que estabiliza la relación deteriorada o que también pueden terminar desestabilizándola.

Más allá de los distintos casos y circunstancias en que se viva la infidelidad, se trata de una experiencia que remece los cimientos más profundos de la relación. Muchos creen que es fácil controlarla y salir de ella, pero en realidad no es así. Es muy difícil decir aquí no ha pasado nada, comencemos de nuevo. Sean aventuras o relaciones más profundas, las consecuencias pesan, y sus efectos permanecen en el tiempo. La mujer puede llegar mayoritariamente a ella por la necesidad de ser escuchada, tomada en cuenta y motivada, sin embargo, también lo hace por la ausencia de erotismo en la vida sexual.

Se dice que el hombre busca el sexo pero también hay casos en los que necesita "una oreja" que lo escuche. Se dice que las mujeres suelen ser infieles a más avanzada edad, pero se ha visto que en los primeros años de matrimonio son muchas las que optan y buscan tener aventuras.

El uso de otro como confidente, como fuente de curiosidad, venganza, campana de alerta, señal, complemento, cana al aire, y otras formas, siempre dejan un sedimento, un sabor amargo de aquello inconcluso y muchas veces sin sentido. A todos nos gusta ser únicos, especiales e irremplazables para otro. Las experiencias de infidelidad se caracterizan por imprimirle un sentido de precariedad a los vínculos. Sabemos y sufrimos por ello, existiendo siempre la posibilidad de que así como reemplazamos a otro, también podemos ser substituidos.

Las opciones son hablar y enfrentar el problema con el marido o pareja, dejarse estar o introducir al tercero; en estos últimos dos casos, sin embargo, son alternativas que sólo lo acrecientan.

Infidelidad masculina

FRECUENCIA EN LAS INFIDELIDADES

*E*s habitual escuchar hablar acerca de la infidelidad masculina como un hecho culturalmente aceptado. Son muchos los que sienten que tienen todos los derechos para hacerlo y vivirlo sin ser sancionados.

Un estudio realizado a siete mil hombres en EE.UU. corrobora esta realidad, entregando, entre otros, el dato de que ellos comienzan a ser infieles desde el comienzo de su vida matrimonial.

También es común ver que las esposas, en muchos casos, creen que sus maridos no son infieles, pensando y expresando equivocadamente "no tienen tiempo", "no me lo imagino", "es incapaz de hacerlo", "jamás se me pasaría por la mente". Pedro nos abre los ojos al decir "yo viajo bastante, por lo cual tener aventuras no me es difícil, es cuestión de arreglar los horarios de los vuelos y tengo tiempo para todo". Gabriel agrega "cuando me voy a cazar al sur, con el lote de amigos, siempre hay uno que se las arregla para llevar unas amigas y pasarlo bien". Raúl comenta "si uno quiere puede engañar a su mujer y no saberse nunca, lo importante es saber hacerlo".

Estas formas de actuar demuestran lo fácil que es para los hombres separar el sexo del amor, viviendo la actividad sexual como diversión o, simplemente, como satisfacción del instinto.

Carlos dijo "soy una persona que necesita una vida sexual intensa con alta frecuencia. Me inculcaron, de chico, la idea de que el sexo tenía que darse sólo dentro del matrimonio, pero no logro satisfacerme con lo que mi esposa está dispuesta a darme. Uno está rodeado de muchas mujeres que parecen siempre listas, dispuestas y disponibles. Yo les planteo de entrada que quiero a mi mujer, que estoy casado y que pienso seguir estándolo". Carlos no se hace problema con el compromiso de fidelidad que tomó, para él todo es muy simple, necesita más sexo.

ALGUNAS RAZONES PARA LA INFIDELIDAD MASCULINA

Las razones que dan los hombres por las cuales tienen aventuras son de diversa índole: búsqueda de mayor variedad y frecuencia sexual; la facilidad y disponibilidad de las mujeres en el mundo de hoy; la fascinación que les produce el desafío y la seducción, el goce del romance y la conquista, así como las energías que obtienen del nuevo encuentro. También dan algunas explicaciones que hacen referencia a su mujer, en relación a la inhibición del deseo y la baja respuesta sexual de ellas. Especial mención merece la etapa en que la mujer está embarazada. También hablan acerca de ciertas circunstancias especiales como estar fuera y alejado del hogar por mucho tiempo, el trabajo hasta tarde, las tensiones y el cansancio. No son raros los casos de disfunciones sexuales selectivas, éstas les pueden generar dificultades para funcionar, sexualmente, con su mujer y no con otras.

Los hombres que creen que la mujer es un juguete o un objeto sexual tienen mayor tendencia a vivir constantes infidelidades en las que tratan de no comprometer sus emociones.

Hay estudios que dan cuenta de que el 56% de los hombres vive experiencias de infidelidad con el único objetivo de satisfacerse sexualmente, afirmando simultáneamente y con frecuencia que son felices en su matrimonio.

Estas personas nunca van a un terapeuta a no ser que sean descubiertos o que sientan que se están enamorando, lo que en otras palabras sería poner en riesgo su estabilidad familiar.

Experiencias como éstas se ven a diario, los pacientes llegan diciendo "aquí me mandan porque me pillaron", "yo voy a seguir siendo infiel tratando para otra vez de hacerlo mejor, no metiéndome con la mejor amiga de mi mujer".

INFIDELIDAD Y LA PROPIA HISTORIA

Un caso extremo es el de un paciente que es descubierto por su mujer, estando ambos en terapia. Esta experiencia me confirmó el hecho, frecuentemente observado, de que hay hombres para los cuales la infidelidad puede ser un juego permanente difícil de detener.

Él vino a instancias de su mujer porque peleaban mucho y no se ponían de acuerdo en cómo tratar a los hijos. Ella tenía un motivo no confesado: sospechaba de la infidelidad de su marido por recibir llamadas extrañas o por el hecho de no dejar olvidado su celular, como era habitual; ambas situaciones comenzaron a despertar sus sospechas.

Su versión acerca del problema con los hijos fue señalarla a ella como culpable, destacando el hecho de que le exigía mucho.

A él le gustaba darles más libertad y ser amigo de ellos como lo había sido él con su padre. Acerca de él recordó que, a pesar de haber estado casado con una de las mujeres más bellas de Santiago, no le había podido ser nunca fiel, terminando así su matrimonio.

Al verlos juntos en la primera sesión, para hablar del problema con los hijos, la esposa cuenta que ha confirmado las sospechas acerca de la relación que mantiene con una persona que trabaja en la fábrica con él. Demuestra que lo sabe por la cuenta del celular, la que logró obtener en la compañía antes de que se la enviaran a la oficina. Revisando las llamadas decide comunicarse con un número más frecuente que los demás, que no conocía, logrando hablar con la persona que ella pensaba era su amante actual. Incluso descubre, por las fechas y horas de las llamadas, que él lo hace antes y después de asistir a la sesión de terapia. La esposa señala "parece que tuviera que marcar tarjeta con ella".

El marido había aceptado venir a hablar de los hijos, tratando de parecer bien dispuesto y de esta manera distraer, ya que su deseo no era otro que el de capear el temporal de la mejor manera y mantener todo igual. En sus planes no cabía la idea de hacer nada activo en pro del objetivo de cambiar. Él, igual que su padre, no pensaba ser fiel nunca, lo que finalmente lo llevó a la ruptura de su matrimonio.

INFIDELIDAD Y COMPETENCIA

Para analizar la infidelidad masculina es importante tener algún conocimiento acerca de ciertos aspectos relevantes en el desarrollo del hombre. Una de sus características más propias es compararse permanentemente con su padre. Desde cómo es su relación con la madre, pasando por la estatura, la fuerza y el tamaño de su órgano masculino. Se reconoce más chico que él y su esperanza es al menos igualarlo, si no puede superarlo.

Para que su desarrollo se complete, tiene que competir y compararse constantemente no sólo con el padre sino con todos los que le rodean en las actividades cotidianas. Cuán rápido puede correr, cuánto puede lograr en los deportes, en el trabajo y en la cama. Vive en la competencia, buscando ser héroe, jefe y el mejor. En todos los juegos escolares masculinos se selecciona un capitán; no llegar a ser jefe de un equipo puede ser una de las experiencias más dolorosas si no humillantes para un niño. Cuando juegan pasan mucho tiempo discutiendo acerca de las reglas que lo rigen y a través de ellas buscan ganar. Se identifican con el poder, con el dominio y con ser activos. Buscan tomar el rol de jefe y líder, que debe ser seguido y no discutido. Este estilo, en la práctica, no ayuda a compartir y participar en una relación de iguales como requiere ser la relación de pareja.

La necesidad de competir y ser el mejor se expresa también de otras maneras, buscando la mujer más llamativa y admirada, para salir, tener relaciones e incluso casarse. Muestran una gran preocupación por su rendimiento sexual, el que de no cumplir con sus expectativas los angustia. He recibido muchos pacientes cuyo motivo de consulta ha sido no haber podido funcionar estando en un motel con una mujer que los atraía y de la cual sabían que había tenido otros amantes. El temor a no salir victoriosos de la experiencia los inhibe totalmente.

Un caso que me causó mucha impresión fue el de un paciente que atendí por infidelidad de la mujer, cuya primera pregunta fue, al enterarse del hecho, ¿cómo era en la cama?

Él cuenta que, estando de viaje, la llama una noche hasta tarde sin poder encontrarla en la casa ni en el celular. Él sospechaba desde antes que había un compañero de oficina que la llamaba a la casa por distintas razones. Al confrontarla, ella le cuenta que habían estado en una fiesta de la empresa y pasado la noche juntos. El marido, además de ponerse furioso y celoso, plantea la pregunta señalada. Según las palabras de la esposa "lo primero que quiso saber fue si era mejor dotado y amante que él. A pesar de decirle, como era en verdad, que no lo igualaba, su furia era tan grande que no se calmaba, cada vez me pedía más detalles que lo ratificaran como el mejor".

Algunas diferencias

En la literatura psiquiátrica no se le da importancia a las diferencias de género, sin embargo, la simple observación nos permite sostener que hombres y mujeres son diferentes, planteándonos la duda de si el medio influye en la definición de los roles o si en forma innata ambos géneros están orientados en forma diferente. El hombre parece más proclive a la acción, la competencia y la violencia.

Ya vimos la competencia en el caso anterior, pero también existen casos en los que la violencia forma parte del atractivo que ejerce el hombre sobre la mujer. Aunque parezca extraño, tuve una paciente que describía a su amante como un hombre violento, rudo y seductor. Ella se sentía fuertemente atraída por él, a pesar de saber que no era confiable. Lo encontraba cómico, la hacía reír a pesar de que era brutal, violento y vulgar.

Es común encontrar este tipo de hombres con los cuales se enganchan fácilmente mujeres que inconscientemente buscan ser maltratadas a la vez que seducidas.

Por otra parte es cierto que hombres y mujeres enfrentan los mismos problemas básicos: el temor a la muerte, a la soledad, los sentimientos de insuficiencia y la sensación de imperfección; sin embargo, actúan ante estas limitaciones como seres distintos enfrentándolos en forma diferente. En la infidelidad se dan algunos patrones diferenciadores.

Los hombres pueden tener dos amantes al mismo tiempo, pudiendo en el hecho tener relaciones sexuales con tres mujeres a la vez si se considera a la esposa. Esto también podemos verlo en infidelidades en las relaciones de hecho, en las que no se tiene vínculo legal. Mario cuenta "con Ruth vivíamos juntos cuando estábamos cursando el internado en Medicina. Al poco tiempo me salió una residencia en provincia donde Ruth no pudo acompañarme, comprometiéndonos a reunirnos ya sea en Santiago o en la zona, de acuerdo a nuestras posibilidades. Al comienzo se nos hizo fácil, pero llegó un momento en el que se complicó y empecé a sentirme solo. Tenía un grupo de amigos colegas y otras personas con las que nos juntábamos a jugar chiflota o póquer. Algunas veces una de mis amigas se quedaba en mi departamento sin nunca hablar de vivir juntos. Ruth se enteró de lo que pasaba al venir un fin de semana y encontrar en el baño una prenda femenina, que no le pertenecía. Incluso supo que se trataba de la misma persona con la que había jugado a las cartas. Para Mario no había nada de malo en ello, no sentía que violaba ninguna norma de sabiduría ni prudencia al hacerlo y juntarlas. Sus afectos y futuro estaban comprometidos con Ruth. Situaciones como ésta no me ha tocado escuchar de pacientes mujeres.

Otro hecho diferenciador es que los hombres, en su afán de lucirse, cuentan sus aventuras y encuentros sexuales ante amigos. Puede existir un deseo no reconocido de mostrar lo exitosos que son, especialmente frente a aquellos que pueden considerar más o que los sobrepasan en otros aspectos. Este exhibicionismo no es propio de ellas.

HOMBRES Y ROLES EN LA INFIDELIDAD

Los hombres toman distintos roles al enfrentar a la mujer en el plano amoroso; pueden ser encantadores, amistosos, heroicos y psicopáticos. Los primeros son muy atractivos, socialmente hábiles y talentosos, se muestran con una inocencia refrescante, algo infantil a la que difícilmente se puede resistir. Ellos se sienten obsesionados por cada nueva mujer que les gusta y tienen que buscar alguna forma de conquistarla.

Los seductores amistosos no muestran nunca hostilidad, buscan permanentemente satisfacer a la mujer, sea la propia o no. Son artistas sexuales que se sienten responsables de que ninguna mujer deje de recibir un piropo y a todas les dedican palabras amables. Un ejemplo de estos casos es el de Ernesto quien dice, "a mí me gustan todas las mujeres, me siento cómodo, relajado y entretenido con ella. Me molestan las conversaciones entre hombres, especialmente cuando hablan de sus conquistas. Yo siempre he respetado sus tiempos, me he preocupado de relajarlas e interesado en lo que sienten. Mi problema hoy es que esta tendencia a tener varias mujeres me está complicando. Hasta hoy no me han pillado porque también me preocupo de mi mujer, pero veo que no puedo parar y no quiero deshacer mi familia, quiero a mi mujer y me asusta lo peligroso que puede volverse seguir en esto".

Los heroicos son aquellos para los cuales la función sexual siempre debe contener un elemento de ansiedad y peligro. Pueden buscar tanto esto último, que en algunas ocasiones logran destruirse por no cuidarse y protegerse. Sienten que estar relajados y confortables con una mujer sería muy peligroso ya que podrían quedar cazados o caer en la rutina. Buscan las situaciones en que hay un tercero que amenaza. Probablemente estas personas, al iniciar su vida sexual, han vivido experiencias rodeadas de peligro, buscando mujeres casadas, sin tomar grandes resguardos, pudiendo haber terminado como víctimas del amigo o conocido al que engañaban.

También existen los seductores psicopáticos, quienes habitualmente son unos verdaderos monstruos en sus hogares, abusadores y violentos. Son esos hombres que explotan a las mujeres y que siempre encuentran una víctima propicia para sus abusos. Ellos no aprenden de la experiencia, no actúan guiados por conceptos ético-morales y buscan siempre aventajar a los demás. Son promiscuos de solteros y más aún al estar casados; no sienten vergüenza ni culpa.

No es infrecuente que se trate de hombres que, no obstante su hostilidad, se han casado muchas veces, al mismo tiempo que han sido adúlteros en todas sus relaciones. A menudo han crecido en medio de un grupo en el que el sexo se vive como hobby.

Dice Julia "al romper con Javier, supe toda la verdad sobre él. Ya me habían dicho, era un bandido, pero a mí me bastaba que me tocara la guitarra para sentirme especial al escuchar sus canciones. No quise creer, cuando me comentaban, que tenía una mujer a la que maltrataba; conmigo era todo preocupación. Cuando hoy lo pienso, me doy cuenta de que veía y recibía una serie de señales, que si les hubiese prestado atención me habría podido defender antes. Me habían dicho que había estado preso por estafa y veía que los amigos eran todos buenos para la fiesta, los bares y el pool, pero estos hechos no los relacioné. Cuando me di cuenta de que su interés era usar mi plata pidiéndome préstamos para distintas inversiones que nunca existieron, fue un poco tarde. Un día lo urgí porque necesitaba mi plata y el hombre amoroso se transformó en un monstruo que me chantajeó y amenazó con contarle todo lo nuestro a mi marido. Yo me adelanté pidiendo ayuda por sentirme en serio peligro al estar en sus manos. Era una mala persona tal como me lo habían dicho, pero un seductor".

Para terminar se puede decir que el hombre y la mujer no son muy diferentes en relación a satisfacer sus necesidades, ni requieren menos atención y aprecio.

Las oportunidades de ser infieles son también similares, pero la apreciación que hace la gente frente a la infidelidad de uno y de otro es diferente.

El hombre está en mejor posición y es menos criticado al hacerlo, ya que la sociedad lo estigmatiza menos que a la mujer. Para ellos también es más fácil compartimentar sus sentimientos, alejando las culpas y las contradicciones. La igualdad tan buscada y comentada tampoco opera en relación al juicio social que la infidelidad despierta y genera.

Me enamoré de un casado

¿QUÉ HE HECHO CON MI VIDA?

*E*ntre los muchos casos de infidelidad que me ha tocado tratar, el que me ha parecido especialmente complejo y en muchos casos doloroso, es aquel que incluye a una mujer soltera con un hombre casado. La situación de un soltero con una mujer casada no es tan frecuente.

A mi consulta llegaron muchas solteras con relaciones de muchos o pocos meses y años de duración, ya sea considerando haber perdido parte de sus vidas o pidiendo ayuda para lograr que su pareja abandonara "el matrimonio, fracasado, que tenían". Estas esperanzas, frustradas en muchas oportunidades, aún se mantenían vivas.

Algunas solteras llegaban embarazadas, con fuertes dudas y confusiones, no sabiendo qué hacer. Algunas, con el deseo de comunicarlo personalmente. Otras, deseando hacerle llegar la noticia a la esposa o a alguien cercano a ellas. La mayoría esperando que fueran ellos los que lo dijeran, a pesar de que sentían y les parecía que no querían o tenían grandes dificultades para hacerlo.

Recuerdo el caso de la esposa del jefe, quien al ir a conocer a la guagua de la secretaria de su marido, se da cuenta de que es igual a él, enterándose luego de la verdad, lo que constituyó un hecho extremadamente doloroso y destructivo. Esta experiencia se vio agravada por el hecho de haber realizado, unas semanas antes, el matrimonio de la hija mayor y tener planeado viajar juntos, teniendo los pasajes para ello.

Ese proyecto había sido el sueño de toda su vida y en esta ocasión su marido se lo había regalado. Luego de la visita a la secretaria y la aclaración de los hechos, ella llega en estado de shock a mi consulta.

Hasta antes de este episodio ella sentía que estaba pasando el mejor momento de su vida: tenía un buen matrimonio, afianzado a través del tiempo, a pesar de que con anterioridad él había tenido una infidelidad, de corta duración y sin estas consecuencias.

En esa oportunidad me sorprendió sobremanera ver que la esposa no captó ninguna clave de las muchas que deben haber existido. Esto permite pensar que los mecanismos de defensa unidos a lo dedicada que debió haber estado preparando el matrimonio de su hija le jugaron una mala pasada.

La fuerza de la historia

Se ha visto que la naturaleza y características de las relaciones de las hijas con sus padres, con los cuales comparten gran parte de los mejores años de sus vidas, influyen en la elección de hombres casados.

Estas experiencias se ligan, generalmente, a vínculos algo difíciles y tortuosos en la infancia en donde se ha distorsionado el aprendizaje de las relaciones, ya sea porque los actores funcionaron con máscaras y caretas, escondiendo sus sentimientos y desempeñando roles equivocados, ficticios o que no correspondían.

Habitualmente hay en la base de estas experiencias, problemas no resueltos a nivel de dependencia, con relaciones fuertemente cargadas afectivamente, gran cercanía, conflictos edípicos, pérdida temprana del padre, rupturas matrimoniales traumáticas con un drástico alejamiento de él. Si, además, se incorpora al caso el hecho de que el padre ha abandonado el hogar para irse con una mujer soltera, se tiene una constelación de factores que complican aún más la situación, agregándose los ingredientes necesarios para que la niña quede en una situación de confusión y entrampamiento.

En otras circunstancias, el rol de la hija consiste en actuar como calmante del padre. Ella logra tranquilizarlo en sus rabietas e influir en sus estados de ánimo. Lo cuida cuando ha habido ingestión excesiva de alcohol y actúa como intermediaria en las peleas con la madre, suavizando los problemas.

Esto la habitúa a ponerse a disposición de los sentimientos de otros y olvidarse de lo que ella realmente siente. Este proceso, aprendido tempranamente, le facilita y entrena en conductas que la convierten en "salvadora" de terceros sin ganar nada a cambio.

Muchas de las mujeres que han vivido situaciones de esta naturaleza, han llegado a dudar de la posibilidad de ser felices. En otros casos hay quienes han experimentado maltrato, descalificaciones, humillaciones y sumisiones, lo que las ha confundido e impedido aceptar sus propios sentimientos, reprimiéndolos en forma dolorosa. Reclamar para sí puede ser difícil y casi imposible para ellas.

Mensajes contradictorios

Las mujeres somos entrenadas, mediante los procesos de socialización, para agradar al hombre, arreglarnos para él, hacernos cargo de su bienestar, sus sentimientos, ser comprensivas y atentas con ellos. A la vez recibimos una serie de mensajes contradictorios, que nos confunden; entre ellos se encuentran las afirmaciones que enfatizan que tenemos los mismos derechos, que somos sus iguales, que debemos realizarnos como personas y cumplir con nuestras aspiraciones además de satisfacer nuestras motivaciones. Al mismo tiempo hemos crecido escuchando que no olvidemos que la estabilidad y la felicidad de la familia dependen de nosotras. Se nos insta a luchar por nuestra libertad e independencia, pero junto con ello somos objeto de críticas y recriminaciones cuando lo logramos. Somos incentivadas a desarrollar nuestra propia individualidad, aunque simultáneamente se nos pide que conservemos ciertas áreas de dependencia. Por otro lado, se nos solicita que dejemos de ser los garantes afectivos de la sociedad pero a la vez nos dicen que debemos ponernos en el lugar de otros, resaltando que el rol por excelencia de la mujer es el cuidado de los demás. Es tal la confusión que producen estos mensajes, que no permiten ver lo enajenantes que pueden ser el daño que producen, favoreciendo que las mujeres, a menudo, realicen elecciones no adecuadas.

Ser la otra

A pesar de la lenta pero permanente inserción en el mundo social, político, laboral, y la creciente mayor "liberalización" de la mujer, muchas siguen viviendo el "ser la otra" en la misma forma en que se hacía en el pasado. Es común ver que ellas pierden el control de la relación sometiéndose a una situación poco gratificante. Se convierten así en la tercera que vive esperando que su amante deje a su mujer por ellas. Al no ser dueñas de sus propias vidas terminan favoreciendo al hombre quien, en estas circunstancias, goza de más privilegios. También alejan la posibilidad de ser felices y realizadas.

Muchas veces he recibido casos como estos, en que la mujer pide ayuda para saber qué hacer para lograr que su amante casado abandone su casa. Ellas comúnmente dicen que él les ha confidenciado en múltiples oportunidades que su matrimonio está acabado, que la mujer lo manipula, amenazándolo con represalias con los hijos o con el suicidio si se va de la casa. Otra parte del relato, con lo que la historia se completa, es la afirmación de que ese matrimonio sigue unido por los hijos, que ya no hay cariño, que no llevan vida matrimonial desde hace mucho tiempo. Incluso pueden agregar que su mujer no se preocupa de él o que tiene otra persona con quien mantiene una relación. Si bien lo anterior en muchas ocasiones puede ser cierto, también puede tratarse de una historia muy armada que forma parte del anzuelo para atraerlas, ya que ésta es una invitación a cuidar de esta pobre víctima.

Alicia, secretaria de una empresa grande y jerarquizada, viene a consultar por las dificultades que tiene su amante casado de sesenta años para dejar su hogar. Habla de los problemas que cree que tendrá con sus hijos mayores y busca consejo acerca de cómo enfrentarlos. Esto es una realidad que Alicia ha construido a su medida. El marido en cuestión no estaba para nada listo ni preparado para dejar a su mujer e hijos, a pesar de las promesas que le venía haciendo durante los cuatro años de relación. Si bien el objetivo planteado no tenía solución a partir de ella, tuvo utilidad venir a consultar. Durante las sesiones pudo explorar las similitudes de esta relación con la que había tenido con su padre y le dio fuerzas para romper el círculo vicioso en que estaba. Pudo hacer una mejor elección, que la gratificara más sin tener que hacerse cargo de los problemas del otro, como hizo con su padre, quien le enseñó a que le prestara sólo atención a él.

Éste es un caso en que "la otra" consulta porque es tal el dolor acumulado, que busca inconscientemente a alguien que la ayude a abandonar la situación. En las sesiones, ella además logra darse cuenta de que había sido educada para ser soltera, ya que así podía ser la persona, en la familia, que se hiciera cargo de los sentimientos de los demás. En el caso que estamos analizando, de su padre. Alicia se había arreglado para cumplir una especie de mandato que establecía que ella no podía abandonarlo.

Ésta y muchas otras historias muestran que "la otra" necesita una red de apoyo muy grande para poder poner punto final a un aprendizaje que se originó en experiencias de muchos años. Para poder terminar con estas lealtades invisibles es fundamental prestar atención a los sentimientos que subyacen a este estilo de relación. Comenzar, quizás por primera vez, a preocuparse de ella, de lo que siente. Esto no debe significar que se transforme en una persona anestesiada frente a los demás. Al escuchar lo que sus sentimientos le dicen podrá no engancharse en compromisos emocionales que a la postre van a resultar en consecuencias dañinas para su realización. Lo anterior es el punto de partida para resolver estas situaciones.

Estas mujeres expertas en los otros lo único que no captan son sus propios sentimientos. No se hacen cargo de la soledad, del vacío y de la incertidumbre que les ha producido vivir en la clandestinidad, en el secreto, con la constante sensación de no tener derecho a pedir para sí, ni construir una vida más libre y gratificante. No reflexionan sobre ellas mismas, sobre qué las llevó a preferir a un casado, a no tener una relación abierta y gratificante con un soltero, con quien la posibilidad de formar una familia es, ciertamente, más factible.

Patricia, analista de proyectos de inversión, viene a consultar porque está en una relación que se le está viniendo abajo. Una amiga le recomienda pedir ayuda ya que la ve igual de entrampada que ella cuando vivió una situación semejante.

Tiene una historia de relaciones breves con hombres que no le gustan, pero con los cuales tiene vida sexual, los que habitualmente son casados. Aquellos que le gustan de verdad, son solteros, pero éstos le causan temores que no sabe controlar. Cuando le manifiestan su interés, entra en pánico y sabotea la relación.

Patricia es hija única de padres con una relación aparentemente normal, pero con disfunciones de importancia en el plano de la intimidad. Ambos están distanciados y la hija hace de nexo entre ellos a la vez que calma las rabietas de su padre. Ella cumple un mensaje, no verbalizado por la madre, que lo entretenga pero en forma infantil no sexualizada. Lo anterior se contradice con otro mandato más explícito en el que le trasmite a Patricia que debe verse atractiva para los hombres, por lo que no le gusta que use pantalones, tampoco en la casa, porque tiene que ser atractiva siempre. Esta confusión de mensajes desconcierta a la vez que genera dificultad al no poder cumplir con ambos a la vez.

El padre es una persona muy demandante, lo que sofoca a Patricia. Ella mantiene vivo el recuerdo de lo agotador que era hacerle compañía dándole entretención y atención. Lo anterior explica en parte los motivos de por qué cuando un soltero se muestra interesado y con necesidad de verla ella se siente ahogada, sofocada, buscando alejarse y abandonar. Con los casados se sentía a salvo al no ser agobiada.

Recuerdo también a Mónica, quien cuenta: "tenía dos hombres tras mío, uno que era mi compañero de curso y otro, mi profesor, que era dieciocho años mayor que yo; a pesar de la diferencia era a éste último al que amaba. Juan José, mi compañero, me trataba como si fuese su igual, me exigía hiciera todo lo que a él le gustaba, yo veía que estaba más dedicado a impresionarme que a protegerme y ser apoyador. Gabriel, mi profesor, era todo lo contrario, se preocupaba de ser gentil y amable, era muy preocupado de su apariencia y del lenguaje que usaba, lo que a Juan José no le importaba".

"Me sentí atraída por Gabriel en el minuto en que lo vi. Lo que más me gustó fue su expresión de pena por lo que yo pensé que el sufría con su esposa y quise llevarle un poco de alegría a su vida. Siempre esperé que se separara pero él me decía que lo haría cuando los hijos crecieran. A pesar de que tuvimos una relación que duró años nunca conocí a sus hijos. No sé cual será mi futuro, él sigue casado, creo que nunca querré a nadie como a él".

FORMAS DE SER LA OTRA

Hay dos formas de ser "la otra": las que se comprometen en relaciones de larga duración y aquellas que lo hacen con diversas personas en vínculos cortos y no siempre gratificantes. En el primer tipo de relación, lo que se aceptó en un comienzo con esperanzas, con el tiempo pasó a transformarse en un peso. Se toma conciencia del tiempo perdido, de la postergación de las propias necesidades que ha traído consigo esta dependencia.

Las mujeres que optan por las relaciones más sucesivas aparecen como mujeres que tuvieron relaciones erotizadas con su padre y que decidieron no comprometerse afectivamente para no sufrir el agobio o el posible abandono. "Quiero intimidad con alguien que no ponga en riesgo mi independencia." "No quiero que me presionen ni que me agobien con peticiones." Estas relaciones, que en un comienzo se sienten confortables, con el tiempo se vuelven dolorosas sobre todo porque surgen fuertes sentimientos de vacío interior y soledad. Al no librarse de los fantasmas del pasado estas mujeres quedan prisioneras de ellos enajenando sus vidas, sus verdaderas necesidades y deseos. Ellas creen buscar la independencia pero caen en una dolorosa dependencia por la postergación que significa y lo autodegradante que es.

Las mayoría de las personas con relaciones de corta duración consultan cuando se ha terminado el vínculo, dándose cuenta de que no era lo que deseaban. Vienen con sentimientos de vacío y confusión describiendo, a menudo, relaciones con hombres arrogantes, violentos y abusivos, sintiéndose fuera de control.

Hay veces en que estas mujeres se muestran contentas, creyendo que la decisión que han tomado es voluntaria. Que ha sido una determinación para evitar estar bajo el control masculino, lo que les permite sentir que son personas independientes del matrimonio.

Muchas mujeres solteras desean la libertad para alcanzar sus propias metas al mismo tiempo que tener una relación íntima. Creen que el mejor camino para alcanzar ambos objetivos es estableciendo relaciones con poco compromiso y sin proyecciones futuras. Sin embargo, lo que mayoritariamente les sucede a estas nuevas otras mujeres es lo que les sucedía a las de generaciones anteriores. A nuestras consultas no llegan las satisfechas, las que se sienten triunfadoras por cumplir sus metas sino las perdedoras, las que se consumen en la espera, el vacío y la esperanza.

APRENDIZAJE Y ENTRAMPAMIENTO

Los patrones familiares son similares para las diferentes formas de los casos señalados, de ser tercera soltera, variando sólo aspectos situacionales. En ambos casos, de niña la mujer ha vivido experiencias en que sus necesidades y deseos han sido desconocidos o desvalorizados quedando postergados por aquellos de los padres.

Los factores situacionales se refieren a si en la familia se ha vivido o no experiencias de abuso, descuido o violencia extrema y generalizada. Los mensajes para tener preocupación por los demás pueden ser dados desde una postura abusiva e incestuosa, así como desde una forma sobreprotectora y manipuladora.

A partir de estas formas de procesos de socialización ellas se transforman en seres emocionalmente entrampados, necesitadas y temerosas de la dependencia. Les cuesta confiar en los demás, fruto de las atenciones inapropiadas del padre del sexo opuesto, de la cercanía con éste, de ser sobrecargada o abusada por uno de los progenitores. En muchos de estos casos las mujeres no se han sentido protegidas por sus propias madres, dependientes y temerosas de sus maridos, las que pueden haber estado ausentes, ya sea por trabajo, duelo, separación u otros intereses, lo que ha llevado a sus hijas a vivir la relación con su madre como una de desprotección.

OTRAS CAUSAS Y CONCLUSIONES

Comprometerse en relaciones sucesivas como forma de escapar de la intimidad, se puede vincular con situaciones puntuales como fue el caso de una paciente que tuvo una separación bastante conflictiva, habiendo sido abandonada por el marido, aunque en esta ocasión, el abandono había sido provocado por un hombre y no por una mujer. Podrán imaginar ustedes la confusión en la cual se sumió, que posteriormente la llevó a establecer una nueva relación. Pensaba y lo decía, "me siento protegida por Javier, que es casado. Él siempre me demostró preocupación, sé que no vamos a llegar a nada serio y que no me voy a sentir presionada". En ese caso que nos ocupa, ella no está preparada para hacerse cargo de sus propias necesidades y sentimientos. Lo lógico habría sido que después de la experiencia vivida con su marido, ella se hubiese protegido de verdad, al menos hasta no haber aclarado y entendido mejor lo que le había ocurrido. No era recomendable que ella se expusiese al riesgo de poder volver a ser herida.

A pesar de toda la racionalización, esta mujer estaba principal y mayoritariamente satisfaciendo al hombre que la había buscado con anterioridad, pero que sólo le ofrecía una relación de momento, confortable en un comienzo, aunque desconociendo cómo se podía complicar al desenvolverse.

Ella estaba emocionalmente necesitada, posiblemente requería más que otras mujeres ser afirmada en su feminidad, que podía ser atractiva, pero, temerosa de ser herida, en esta relación buscaba más satisfacer las necesidades del otro, ignorando, negando o desatendiendo sus propios sentimientos y dificultades para volver a confiar.

Hay factores comunes a todos los casos vistos y éstos se relacionan con la incapacidad para ver las propias necesidades, dificultad para confiar en el otro, una fuerte dependencia, así como la necesidad de agradar y de reactuar la situación no resuelta que se arrastra desde tiempos de la infancia.

La diferencia es que aquellas que tienen relaciones más largas, han sido menos dañadas que las que caen en el otro tipo de aventuras.

Estas últimas han tenido un sufrimiento tan profundo que se sienten temerosas de volver a vivirlo, haciendo esfuerzos para que no sea así, sin embargo, sólo logran compulsivamente repetirlo.

Lo importante es que entiendan por qué se las han arreglado para volverse perdedoras en vez de valorizarse y no aceptar una situación que les ha horadado la autoestima. La disyuntiva entre ser uno y tener intimidad está muchas veces en la base de estos problemas.

La infidelidad en la oficina

La oficina: lugar de encuentro

Las relaciones extramatrimoniales y también las infidelidades en parejas que viven juntas surgen mayoritariamente en las oficinas. Esto no es un hecho nuevo, ha existido siempre en los lugares de trabajo donde se desempeñan hombres y mujeres. Lo que ha cambiado y es más reciente es el número de mujeres que viven este tipo de infidelidades.

Las mujeres que trabajan una jornada completa fuera del hogar tienen más posibilidades de iniciar este tipo de relaciones. Son diversos los estudios que corroboran con cifras estas realidades. Se afirma que el 57% de las mujeres con relaciones infieles las comienzan en su lugar de trabajo.

María dice "cuando llegué del norte y comencé a trabajar, mi jefe y supervisor estaba siempre atento a lo que yo hacía. Como era mi primera ocupación cometía bastantes errores, sin embargo a él parecía no importarle, por el contrario, me ayudaba y aconsejaba. Al poco tiempo me ascendieron por los avances logrados y por la jubilación de la persona a quien yo había entrado a reemplazar". "Él me daba cada vez más responsabilidades, tareas y proyectos importantes en los que participábamos juntos".

"Nos tocó desplazarnos por distintas ciudades, hablábamos de todo, de nuestras familias, de nuestros proyectos, deportes, trabajo, esperanzas y, naturalmente, fuimos amantes". "Esta relación duró 5 años sin que ninguno quisiera cambiar de situación". María al contármelo lo hace con nostalgia, él había sido destinado a otro país y su comunicación continuaba por e-mail. "Lo que siento es no haber conocido nunca a nadie soltero que fuera como él."

Esta relación fue bastante distinta a la mayoría de las historias vividas entre una soltera y un hombre casado. Fue como una especie de tutoría con cercanía, preocupación, amor pero sin deseos de cambiar los hechos negándose ella a cualquier promesa de un futuro con él. Este caso es atípico, en efecto, ya que la mayoría de estas relaciones terminan en dramas ya sea por la frustración de ella o por la ruptura de la relación o del matrimonio de él. En este caso ambos eran unos enamorados de lo que hacían: el trabajo los entretenía y parecían no ambicionar tener más.

INTERROGANTES Y RESPUESTAS

Acerca de la infidelidad que ocurre en los lugares de trabajo hay una serie de preguntas que uno quisiera hacerse y responder: ¿por qué hay hoy un mayor número de mujeres viviendo este tipo de experiencias que en el pasado?, ¿qué riesgos se corre?, ¿hacen el amor en la oficina o fuera de ella?, ¿por qué muchas veces esto sucede con el jefe?, ¿cuál es el atractivo y el "gancho" en las oficinas?, ¿se vuelven más atractivos(as), comunicativos(as) y delicados(as) y dedicados(as) los hombres y mujeres en el trabajo?, ¿habrá alguna relación entre estas situaciones y las tensiones vividas por ellos en conjunto, en relación a las responsabilida-

92

des?, ¿qué hace la compañía y los compañeros de trabajo?, ¿se acepta de igual manera la infidelidad del hombre y de la mujer en la oficina?

Éstas y muchas más son las interrogantes que surgen y que trataré de analizar a continuación. Respecto de la primera pregunta, la respuesta que me surge es que en todos los lugares ha aumentado el número de mujeres con relaciones triangulares, por lo que la oficina no podría ser la excepción. La sociedad está cada vez más orientada al sexo explícito, el medio está cargado de insinuaciones e invitaciones a él, las que por supuesto no se detienen ante la puerta de los ascensores de las oficinas.

La fuerza laboral femenina crece día a día y el tiempo que la persona permanece en su lugar de trabajo es cada vez mayor pasando más tiempo junto a los compañeros de actividad que con el esposo y los hijos. Muchas de las tareas exigen desplazamientos por distintas ciudades y países en donde comparten aún más tiempo juntos. Hay más oportunidades para crear intimidad, hay mas facilidad para las confidencias y para vivir una mayor cercanía y complicidad.

En cuanto a los riesgos, disminuyen si ambos son solteros, pero aumentan cuando uno de los actores es casado.

IDEAL DE IGUALDAD Y DIFERENCIAS

Los ideales de igualdad no se cumplen en estas situaciones, ya que las mujeres son juzgadas más duramente que los hombres. Si bien hay veces en que los juicios pueden ser morales, en general vemos que a los hombres no se les juzga como poco profesionales, pero sí se hace ese tipo de juicios al referirse a las mujeres. Es común escuchar "ella no es seria en el cumplimiento de sus tareas". Éste es el inicio de algunos inconvenientes que involucran a los demás. Los compañeros de trabajo se pueden ver afectados por el hecho mismo, así como por tener un recargo en la realización de tareas que no les corresponden. En otros casos les toca ver diferencias en el trato con algunos compañeros o compañeras, lo que genera sentimientos de celos y comparación. Pueden sentir que la carga de trabajo se está distribuyendo en forma injusta, por lo cual se sienten perjudicados.

Por otro lado, es más fácil para los hombres separar sus conductas de sus sentimientos; ellos logran más fácilmente cambiar de foco entre sentimientos y responsabilidades. Esta capacidad no se da igual en las mujeres, por lo que pueden sentirse más trastornadas en sus vidas al tener una relación íntima en el lugar de trabajo.

Lo más probable que esta desigualdad también opere si la relación fue con un jefe y se termina. Lo más común es ver que la mujer pierde el trabajo, no así el hombre. Éste sigue siendo el mismo a los ojos de los demás, desgraciadamente, la evaluación de ellas es más negativa. La situación más expuesta y riesgosa es la que surge de la relación íntima con el jefe o superior jerárquico. Estas relaciones pueden terminar en mala forma con la mujer fuera del trabajo, juzgada severamente y penalizada.

DEL ENCUENTRO A LA MANIPULACIÓN

No todos los casos terminan con la ruptura y la penalización. Muchas veces estas relaciones entre compañeros de trabajo terminan en matrimonio, con abandono de una relación anterior.

Hubo una paciente que me decía "yo lo amé desde el momento en que lo vi, mis piernas me flaqueaban y tiritaba entera. Me ponía roja y me costaba hablarle cuando lo tenía cerca. Todo esto me lo guardaba para mí, hasta que seis meses después supimos en la oficina que se había separado y ahí comenzó mi camino, lo vi posible y salí de mi parálisis. Él, según me confesó, sentía lo mismo por eso pasaba rápido por mi lado y casi no me dirigía la palabra por temor a delatarse".

Este caso puede ser opuesto a muchas otras realidades que no tienen finales positivos, como lo muestran algunas situaciones relatados en este libro.

En el primer caso descrito en este capítulo vimos cómo una mujer que se inicia en el trabajo junto a un hombre al que admira, no ve peligro en la relación de cercanía en la que mezcla la admiración con el interés. Especialmente si aprecia en él habilidades, junto a una valoración de la persona como jefe, maestro, amigo, confidente, lo que confunde los roles. En esa experiencia vimos una genuina preocupación por ella, por ayudarla a desarrollarse y hacerla ascender. Sin embargo, hay muchas otras experiencias en las cuales el interés puede ser manipulador, con el objetivo de lograr satisfacción sexual a expensas del otro. Estas experiencias son más riesgosas para la sensibilidad y sentimientos de la mujer, debido al fuerte poder y control que tiene un jefe sobre las oportunidades laborales de la persona, su renta, evaluación y futuro. También hay mujeres que en estas situaciones utilizan la manipulación para lograr avances más rápidos. En este juego de utilizaciones mutuas –el hombre para lograr sexo y la mujer ascensos o lo contrario– se van enredando las relaciones y enrareciendo el clima laboral.

Otro tipo de caso es aquél en que la búsqueda no es aceptada ni correspondida, entrando en el terreno del acoso sexual, tema que comienza a ser penalizado en los lugares de trabajo.

Al no separar los sentimientos personales de los intereses profesionales, se pueden deteriorar las relaciones afectándose, de esa manera, el rendimiento y la eficiencia laboral necesaria, en perjuicio de la empresa.

BUSCAR O EVITAR

Tener una relación íntima en la oficina puede no ser un hecho casual. Hay mujeres que comienzan su vida laboral con la idea en mente de encontrar marido en el trabajo, lo que facilita la posibilidad de su ocurrencia.

En general para hombres y mujeres, tener romances en la oficina no es una experiencia simple, sin complejidad. Sean casuales o no, se llega a ellas por un proceso que cumple las etapas de cercanía, lejanía, atracción, rechazo, apoyos, traiciones, confidencias reales o inventadas, intimidad que busca algo positivo y también cuyo interés es manipular.

Evitar estas situaciones hace necesario tomar la decisión, deliberada con anterioridad, de no dejarse envolver en la fantasía mágica de que nada va a pasar o que todo va a ser perfecto.

Para no entrar en el carrusel de la infidelidad, es necesario no dejarse llevar por la atracción, manteniendo la atención puesta en los riesgos. Como dice una frase que se ha generalizado en algunas empresas: "no hay que lanzar la caña de pescar en los pasillos de las oficinas", "no hay que dejarse pescar por las redes de arrastre".

¿SON DISTINTOS LOS HOMBRES Y LAS MUJERES EN LA OFICINA?

En relación a la pregunta de si los hombres en las oficinas son distintos a los demás, pienso que son iguales y que lo que cambia son las circunstancias. Aquellos que parecen tan comprensivos y dispuestos a comunicarse y escuchar en la oficina, pueden en sus casas y con la cotidianidad ser callados, reacios a hablar y rutinarios. Pueden aburrirse de escuchar lo mismo, anticiparse a lo que les van a decir, cerrar los oídos y no querer ser molestados. Las esposas los tratan distinto a como lo hacen sus compañeras de trabajo, debido a que ven estas facetas negativas, las que no muestran en la oficina. Estas mujeres se quejan de que no son escuchadas, de que sus maridos son desatentos y aburridos, siendo ésta la crítica más repetida.

Las mujeres que tienen aventuras en las oficinas también actúan en forma diferente en el trabajo que en sus casas. Sus maridos ven el lado negativo de ellas. Las ven cansadas, con pocos deseos de hablar, irritadas por la doble jornada que comienza al llegar a casa y tener que continuar trabajando sin parar. En este estado las encuentran poco dispuestas al diálogo y frías sexualmente, siendo esta última la crítica preferente de ellos.

En el trabajo ambos muestran lo mejor: lo que no representa su realidad o su verdadera cara.

CERCANÍA, COMPROMISO Y ENCUENTRO

Cuando se trabaja en proyectos que involucran grandes ideas y presupuestos enormes, toda la persona se vitaliza, se carga de energía, lo que favorece el encuentro y la exploración de nuevas realidades.

Esta atmósfera es una fuente permanente de encuentros, amores, desamores, romances y rupturas. El lugar más frecuente de la infidelidad.

Dice Hilda: "no me había enamorado nunca y ya tenía 30 años. Muchas veces fui invitada a salir a bailar pero me aburría, no disfrutaba y luego me disculpaba para no volver a salir con esa persona. Prefería quedarme en mi casa con un buen libro, una película y descansar del trabajo agotador de la semana como ejecutiva de cuentas de un banco. Casi puede ser una ironía que justo de la única persona que me enamorara fuese de un casado, que trabajaba en el mismo banco que yo. Él tenía un cargo de mayor responsabilidad si bien no estábamos en la misma sección. Un día salía apurada, llena de papeles y no lo vi salir del ascensor, tropecé con él quedando todo por el suelo. Fue amable y correcto en su ayuda y a mí me agradó. Al día siguiente busqué volver a encontrarme con él después de averiguar quién era y dónde trabajaba. Nos reímos y conversamos, lo que se repitió con frecuencia hasta que un día sorpresivamente me besó al despedirse. Luego vinieron las salidas juntos, las caminatas al salir del trabajo. Habíamos hablado tanto que nos conocíamos casi como si fuésemos amigos de toda la vida. Después de algunos meses yo me sentía completamente enamorada, y no pude controlarlo y se lo dije invitándolo a mi departamento. Sólo deseaba hacer el amor con el él a pesar de estar muerta de miedo. Tenía pánico de no gustarle, él me tranquilizaba diciéndome que no tenía para que apresurarme, que todo podía esperar. Yo sólo quería vencer el pavor a entregarme y así comenzó nuestra relación. A los pocos meses él se impuso alejarse para no dañarme más a mí ni a su familia, coincidiendo con el hecho de que había recibido un ofrecimiento en otro banco, el que había aceptado por ser beneficioso pero también tratando de poner distancia entre nosotros".

Ella vino a consultar por la inseguridad y depresión que le habría significado esta experiencia de abandono, la que le gatilló una serie de recuerdos de la separación de sus padres cuando él las dejó para irse con una mujer soltera. Ella verbalizó su sentir con las siguientes palabras: "no creo que nunca vuelva a sentir algo más fuerte y profundo como lo que sentí y viví con él".

UNA ÚLTIMA RESPUESTA

¿Es la oficina el lugar de los encuentros o éstos se realizan fuera de ella? La respuesta es: depende de la oportunidades. Si dos personas solteras se relacionan íntimamente y trabajan juntas, lo más probable es que tengan muchos lugares en donde encontrarse y no se vean obligados a utilizar la infraestructura de la oficina. Los hechos cambian cuando hay involucrada a lo menos una persona casada en la relación. Lo más habitual es ver que le quiten tiempo al trabajo para vivir momentos de intimidad. En los casos de secretaria con sus jefes, el lugar adecuado será la oficina del jefe o un motel, pero hay otras personas que se quedan después de las horas de trabajo. Los baños y las piezas de aseo son los lugares más citados como lugares de encuentros fugaces. Este tema no entra en la reglamentación de la oficina, se pueden establecer horarios de colación, tipo de vestimenta, uso o no de internet, pero no he escuchado que se tenga una política administrativa acerca de la infidelidad en la oficina. Hacerlo sería considerado una forma de intromisión en las vidas privadas de las personas y una mala práctica. Diferente es el caso del acoso sexual, que es un tema actualizado por las empresas en las que tienen formas específicas de enfrentarlo.

Lo que puede justificar que las compañías no hagan nada en relación a esta materia, o que no tomen acciones específicas, es que la empresa, si bien es una corporación, está formada por personas que en su mayoría son hombres en posiciones de autoridad. Ellos tienen sus propias historias o son amigos de quienes las tienen, lo que transforma el problema de uno en un tema de todos, generando solidaridad corporativa entre ellos. Esta forma de actuar es muy difícil de modificar, a la vez que nadie se atreve a lanzar la primera piedra. Claramente éste es un tema sensible que la mayoría de las personas desea evitar o no hace nada por no poder controlarlo.

En sicología es difícil generalizar acerca de la infidelidad y es aún más riesgoso existiendo diferentes formas, motivaciones e intereses. Si bien no podemos establecer reglas generales en relación a los amores, desamores y calidad de los desenlaces de estas historias, sí se puede afirmar sin riesgo de equivocarse que la cercanía física o emocional es el punto de partida para la ocurrencia de estos hechos y los lugares de trabajo lo favorecen.

Tercera Parte
Sospecha y confrontación

Claves para pensar

PERCIBIMOS LO QUE QUEREMOS

Está claro que captamos el mundo a través de nuestros intereses, necesidades, deseos, expectativas, actitudes, valores, creencias, experiencias y autoimagen. Como resultado de este proceso, cada cual percibe frente a un mismo hecho algo diferente o, como defensa, por la necesidad de no saber, no ve nada. En otras palabras, filtramos lo que vemos, lo que es válido para todas las experiencias de la vida, incluyendo la infidelidad.

Muchas veces nuestros sentidos nos están mostrando hechos irrefutables acerca de la realidad, pero nuestras interpretaciones los deforman y anulan.

ALGUNAS SEÑALES

A veces, la primera señal de una infidelidad, para el cónyuge engañado, es la sensación de intranquilidad, de que algo anda mal o no funciona. Puede comenzar por la recepción de una llamada en que cortan cuando atiende la persona no esperada.

Otras veces lo es un comentario inusitado, el sobresalto ante una pregunta o un encuentro que genera confusión. Todas ellas son voces de alerta, que pueden ser o no captadas.

Hay hechos importantes que también pueden dar indicios acerca de lo que está sucediendo, como ser los cambios bruscos de comportamiento, el súbito desinterés por aquello que le rodea, mostrar que se está más preocupado de sí mismo que de los demás. Prestarle más atención a la ropa, la apariencia y el peso. Estar menos disponible para el otro y no querer compartir ni participar de una vida sexual más creativa y frecuente. Volverse, en forma permanente y notoria, más irritable, criticón y distraído.

Todos los indicadores señalados por separado o dos o tres de ellos no quieren decir que se es infiel. Lo que crea serias dudas es cuando los cambios abarcan distintas áreas, como ser modificación en las actitudes, conductas e incluso valores, volviéndose repentinamente más permisivos.

Las claves que dan cuenta del inicio de un affaire comienzan sin anuncio previo. Repentinamente, como ya se dijo, la pareja se vuelve más criticona, cambian los hábitos sexuales, se comienza a nombrar personas nuevas o se evita nombrar a algunas sobre las que había frecuentes menciones. Hay cada vez más situaciones confusas, secretos y hechos inexplicables que hacen que el cónyuge engañado no entienda nada o crea que se está volviendo loco. Nada calza con nada, comienzan las dudas acerca de las propias percepciones, así como de sí mismo. Se tiene la impresión de que la relación se salió del riel, de que se produjo un descarrilamiento y de que uno perdió el control.

UN LLAMADO DE ALERTA

Se puede no ver las claves, como es el caso de Teresa quien recibe un llamado telefónico en el que le dicen que Renato está involucrado con una secretaria en la oficina. Recordando el hecho, señala "en la noche lo confronté y me lo admitió"; "no me lo había planteado jamás". "Mi pensamiento se aceleró y me preguntaba ¿dónde?, ¿en qué momento?, ¿cómo pude ser tan ciega?". "No vi nada y estaba pasando delante de mis narices". "Todo empezó a calzar, él estaba siempre cansado, tenía frecuentemente trabajo extra en la oficina, esto lo hacía llegar en horarios incompatibles con los míos, lo que nos impedía tener relaciones sexuales, y cuando estábamos juntos siempre encontraba una disculpa".

Similar es el caso de Clara, para quien todo tuvo sentido cuando Andrés, su hermano, la llamó y le dijo que había visto dos veces a Carlos tomando desayuno con la misma persona en un café del centro. En este caso, Carlos lo negó diciendo que era ridículo, que él nunca había tomado desayuno con nadie, que tenía que ser una confusión. Ella no quiso ver ni ésta ni muchas otras señales, le creía cuando él le decía que tenía que irse más temprano por el exceso de trabajo, no se dio cuenta de que se había sacado la argolla de matrimonio, que silbaba cuando se duchaba, que estaba siempre cansado para ir a las reuniones familiares. Para Clara el llamado de su hermano le permitió asociar todo lo que había visto y pasado por alto, conectando el conjunto de hechos entre sí.

¡Vi a su marido, señora, su pareja, con otra persona!, es una frase que anuncia una infidelidad, que rompe el alma, es el primer golpe que cambia la vida. Desde el momento en que se descubre el hecho uno queda envuelto en un conjunto de emociones, desde rabia, desesperación e impotencia, pasando por la incredulidad y llegando a la obsesión. Esta última es tan persistente que se cree que no va a pasar nunca. Se puede sentir que en la calle lo miran con suspicacia y que todos saben lo que uno ignoró.

Hernán recibe el llamado de una desconocida que dice ser la esposa de Juan Pablo, quien tendría una relación de 6 meses de duración con Elena, su mujer. En ese momento, toma sentido para él el desinterés por la vida sexual, el horario de los cursos de capacitación y los continuos desplazamientos a congresos. Juan Pablo es visitador médico y trabaja junto a su esposa. Para Hernán comienza un verdadero calvario que termina en la separación.

Mantener el secreto acerca de una infidelidad requiere un gran esfuerzo; aun cuando no se detecte, hay tensión e inseguridad en la relación. Se inicia un proceso de alejamiento, de distancia emocional y de desatención del cónyuge.

Hay infinitas formas de enterarse de una infidelidad: revisando la cuenta telefónica, descubriendo llamadas de larga o corta distancia que no corresponden a personas conocidas ni familiares... Descubrir cuentas de regalos que la esposa o esposo no han recibido, que han sido cargados a la tarjeta de crédito. Encontrar boletas de moteles u hoteles, pañuelos o cuellos de camisa con rouge, encontrar lápices de escribir o labiales en el auto del marido o la esposa...

Los llamados son campanas de alerta, pero también hay casos en los cuales la esposa o esposo ignorante accidentalmente descubre el hecho, y maridos o mujeres lo confiesan. Muchas veces un hermano(a), amigo(a), vecino(a) o el/la engañado(a), cuentan, pensando que están haciendo un bien. Sin embargo, muy a menudo puede ser la otra o el otro, el tercer miembro del vértice, quien lo trasmite, buscando crear una situación que acelere el proceso, que dé término a la relación actual o al matrimonio, para que quede el camino libre para actuar, cumpliendo una estrategia.

Éste es el caso de Rosita, que recibe el llamado de Cecilia, la mujer que está enredada con su marido. A ella sólo le llamaba la atención su mutismo y la facilidad con que se desligaba de los compromisos que tomaba con ella.

Rosita, luego de enterarse, llega a la consulta en estado de shock y me cuenta que están en tratamiento por infertilidad, que ella pensaba y sentía que ambos estaban comprometidos en esa tarea, sin embargo, en el último tiempo el procedimiento se había vuelto muy lento y él presentaba dificultades para tener una erección. Ella lo enfrenta y el marido le confiesa que, con ella, el sexo había perdido interés. Que por la programación necesaria, se sentía maltratado y cumpliendo el rol de toro reproductor. Que la impotencia le afectaba la autoestima y, en estas circunstancias, había comenzado una relación con la secretaria, señalando que la había buscado para probar su virilidad. Cecilia había esperado que con su denuncia se acelerara la separación. Sin embargo, la apertura que produjo la crisis cambió la situación de la pareja, la cual suspendió por un tiempo el tratamiento.

HECHOS DE IMPORTANCIA

Aparte de las claves descritas y las conductas puntuales citadas, existen una serie de hechos que forman parte de la historia que permitirían inferir posibles infidelidades. Por ejemplo, que la persona haya tenido un pasado de engaños, mentiras, de sucesos enredados y no aclarados durante el pololeo. En estos casos es muy probable que la infidelidad sea un ingrediente que esté presente en el futuro. También aquellos que han sido infieles en un primer matrimonio, lo más probable es que vuelvan a serlo.

Si se viene de una familia en donde la monogamia no ha sido una opción compartida y aceptada, donde el padre o la madre han tenido experiencias de infidelidad de las cuales han estado informados los hijos, aumentan las probabilidades de repetirse la historia.

Si hubo adulterio en el matrimonio de los padres, puede suceder que uno o más hijos, especialmente si él o ella ha tomado partido por el cónyuge engañado, se imite la conducta. Este hecho crea la necesidad de reparar al padre juzgado, lo que puede realizarse rindiéndole un homenaje al imitarlo.

Las hijas mujeres de padres mujeriegos eligen, sin querer, hombres proclives a ese comportamiento y, a pesar de haberlo sufrido y rechazado, tienen que volverlo a enfrentar.

Hay circunstancias y ocasiones que favorecen que la infidelidad ocurra: el exceso de tiempo propio no compartido, los viajes frecuentes a congresos, seminarios y trabajo en general. Las vidas paralelas, la asistencia a fiestas y celebraciones a las que se va separado de la pareja, en donde se bebe en exceso. Es sabido que las personas con dependencia del alcohol o las drogas tienen una mayor probabilidad de ser infieles, ya que las inhibiciones naturales que podrían tener son barridas por la ingestión de estas substancias.

Se aumenta el riesgo de tener un affaire cuando se convive con amigos o amigas del sexo opuesto no convencionales, que no creen en la monogamia, que nunca sienten culpa y que agresivamente manifiestan sus necesidades de entretención y variación. Ellos producen un efecto liberador en muchas personas reprimidas, facilitando el camino para iniciar otras relaciones. Estos amigos son una invitación permanente al cambio y a la falta de compromiso.

Una situación especialmente delicada que aumenta las posibilidades de caer en la infidelidad ya que la persona se vuelve más vulnerable, es al producirse y vivir un duelo. La pérdida de un familiar muy querido, especialmente un padre o un hijo, experiencias que provocan dolor poco manejable, son las más comunes. Se crea una sensibilidad especial, tanto para hombres como para mujeres, la que puede vincularse a sentimientos de vacío interior, surgiendo la necesidad de vivir emociones fuertes. Lo mismo o algo similar viven aquellos que sufren depresiones, los que pueden tener aventuras que les devuelvan la sensación de estar vivos.

Las crisis, los cambios bruscos, las situaciones de pérdida de trabajo, situación o estatus son otros de los puntos críticos y momentos decisivos en las personas.

La desaparición de padres restrictivos, que habrían desaprobado una infidelidad, puede ser también una situación facilitadora.

Otras oportunidades favorables podrían ser las fechas claves, como la cercanía de cumpleaños de fines de décadas, que generen sentimientos encontrados o angustia por el paso del tiempo. Entre los 15 y los 18 años de matrimonio se dan, con más frecuencia, las relaciones extramatrimoniales. También lo es el período en que se está esperando guagua o cuando recién se ha tenido un hijo.

CLAVES DIFERENCIADORAS

Una clave importante, en la cual se diferencian hombres y mujeres, son los celos. Aquellos de naturaleza irracional que manifiestan algunos hombres los lleva fácilmente a acusar a sus mujeres de estar interesadas en otros hombres o de tener un affaire. Esto puede ser un indicador de sentimientos de culpa. Hay estudios que muestran que los hombres celosos tienen más probabilidades de verse envueltos en relaciones extramatrimoniales que las mujeres celosas. También si se es parte de un mundo corporativo, donde el éxito sexual, la desinhibición, el código de relaciones familiares es más flexible y se sabe que otros, ya sea en sus negocios o vida personal están siendo infieles, lo que invita a la imitación.

Las inseguridades en el plano sexual, así como las dudas acerca de la propia identidad, pueden empujar a la conquista. Especialmente los hombres, al sentirse inseguros, usan la seducción sexual como el camino para validarse y convencerse de que son atractivos, deseables y viriles. Muchos hombres que se sienten heridos en su orgullo masculino, cuando en sus carreras tienen un fracaso, pueden usar una conquista sexual como forma de aliviar el problema o contrarrestar sus efectos. Una aventura puede ayudarlos a sentirse más seguros, potentes y masculinos.

Casi todos los hombres y mujeres tienen fantasías sexuales, sin embargo tener fantasías acerca de la infidelidad es diferente a comprometerse en ella. Hay muchas personas monógamas que tienen estas fantasías sexuales sin llevarlas a la acción. La gran disyuntiva, cuando las claves se confirman, es si se callará, contará o se dejará pillar.

Decir o no contar, esconder o dejarse pillar

REVELANDO UNA INFIDELIDAD

*L*a decisión entre decir o no hacerlo puede ser una alternativa difícil de tomar por hombres y mujeres. Hay casos en los que se sospecha la infidelidad, la pareja no se atreve a decirlo y entonces se propone ir a terapia para que, en presencia del terapeuta, las inquietudes se planteen.

Muchos hombres y mujeres que tienen una relación extramatrimonial se las arreglan para ser pillados, buscando recibir apoyo o una razón para terminar una u otra relación.

Hemos visto casos en los que se han contratado los servicios de detectives privados, que buscan descubrir la infidelidad del cónyuge. Esta práctica sólo sirve para aumentar la atmósfera de sospecha, temor, decepción y rabia.

"Nunca lo digas", "si te preguntan niégalo", "si te pillan di lo menos posible", son las palabras que describen el esqueleto del código secreto que rodea a la infidelidad. Sin embargo, el misterio no sirve en el momento en que se descubre la infidelidad. La necesidad de saber, cuando se toma conocimiento de la relación triangular, surge naturalmente. Se hace indispensable hablar para comprender y asimilar. Hay casos en los que se esconde la cabeza, como una avestruz, si bien esto no es lo común. Lo que vemos más a menudo es que se trata de obtener información para darle sentido a lo sucedido.

Desde la posición teórica es fácil decir que lo mejor es comunicar la infidelidad, hablar y desmenuzar los hechos. Sin embargo, en la consulta no vemos seres teóricos sino personas reales con todas sus complejidades. En mi caso, como terapeuta, mientras más casos analizaba más conciencia tomaba de la diversidad de los problemas y de las diferentes realidades. Si bien es cierto que para lograr una relación íntima la honestidad es un ingrediente necesario, no es menos cierto que hay casos y casos.

UNA VARIACIÓN EN EL TEMA

Una pareja llega a mi consulta para tener sesiones individuales, con el objetivo de hablar de sí mismos, coincidiendo ambos en la sensación de sentirse vacíos.

Primero lo hace el marido, profesional exitoso en el campo del derecho y luego la mujer, periodista destacada, con una carrera ascendente. Llevan 11 años de casados, sin grandes peleas, sin embargo ambos manifiestan una sensación de hastío y lata. El marido encuentra que todo lo que su mujer hace, en lo doméstico y cotidiano, está mal. Sin embargo, sus críticas aparecen erráticas y contradictorias, quedándome la sensación de querer a toda costa mostrarse como la víctima de una situación; como el bueno de la película. Esta forma de presentarse es común en los casos en que hay una motivación manifiesta de ocultar algo. Como lo había visto en incontables ocasiones, me alertó para darme tiempo. En la mayoría de los casos en que la persona presenta estas quejas erráticas, con fuerte énfasis en querer mostrarse como víctima de una situación intolerable y con fuertes contradicciones, se hace evidente, al poco tiempo, que se está ante una situación de infidelidad. Todo lo anterior me llevó a no citarlos juntos, esperando poder aclararme. Como habían pedido venir separados acepté su esquema.

La queja de la esposa era que empezaba a pesarle todo, los hijos, el trabajo en el que hasta ahora había gozado... Los cambios de humor de él y las críticas permanentes la desmoralizaban y según ella parecía que ambos estaban deprimidos. La explicación sobre los motivos de esta depresión se basaba en el éxito logrado, tema sobre el que había leído algunos artículos.

Al pensar en aquello no mencionado por ambos, un elemento ausente en las conversaciones, me pregunté ¿cuáles habían sido los fracasos de cada uno?, materia sobre la cual no hablaron. Si bien había críticas, éstas iban acompañadas de aplausos mutuos por los logros obtenidos. Al preguntarle a ella, señala que no ha sido la compañera que su marido buscaba, que muchas veces ha tenido que esconder sus éxitos para no despertar en él una serie de críticas a su desempeño como esposa y dueña de casa. Agrega que hace pocos meses conocieron a una escritora y que ve a su marido fascinado con ella, pero no se atreve a plantearlo.

Él señala como fracaso que, si bien le va bien en su trabajo, lo que a él le gusta es escribir y pintar, lo que no puede hacer por lo absorbente que es la abogacía. Dice envidiar a su mujer que trabaja en lo que le gusta. También cuenta que la despreocupación de su mujer por él, lo ha herido, y que en este momento ha iniciado una relación con una cliente de la oficina que es escritora, que lo estimula e incentiva a escribir. La conclusión a la cual ambos llegaron por separado fue la de la necesidad comunicarse las insatisfacciones y analizar el hastío y la lata como expresión de la rabia acumulada por lo que ambos consideraban poco reconocimiento y estimulación mutua. En otras palabras: el fracaso de la relación. En esta conversación maratónica recorrieron todo el camino juntos, manifestaron los temores, las envidias, los ocultamientos y la relación infiel del marido, descrita como un entusiasmo pasajero. Iniciaron una terapia juntos, incentivándose a disfrutar, más que a buscar el éxito. La aclaración fue el punto de partida para un reencuentro. Ella dijo perdonar la infidelidad, por sentir que habría habido incomunicación y lejanía entre ambos, pero esperando que no volviera a suceder porque eso sería el término del matrimonio.

Pasaron varios años y repentinamente él pide una hora individual. En el curso de la reunión me cuenta que se encuentra muy complicado e insatisfecho con él y con lo que está haciendo. Que ha iniciado una relación con una abogada recién ingresada a la oficina con la que descubre una serie de afinidades. Después de tres almuerzos, y encuentros de intimidad, entró en pánico al recordar lo dicho por su esposa en cuanto al término de la relación si él volvía a serle infiel.

Señaló, con especial énfasis, que los últimos años habían sido los mejores de su vida y que como nunca veía claro que su felicidad estaba en su matrimonio. Parecía haber hecho una introspección profunda sobre él mismo. Tenía la impresión de que, a medida que aumentaban las tensiones, el stress y la insatisfacción con su trabajo, se le producía la necesidad de alejarse de su esposa y no trasmitirle sus ansiedades por temor a no ser acogido y comprendido. De esta manera se explicó la búsqueda de personas de reemplazo, como la escritora la primera vez y la colega en esta oportunidad. Según sus palabras "la primera vez tenía resentimientos acumulados que me sirvieron de disculpa". "Hoy el problema es mío, no veo la necesidad de disculparme con nadie". A pesar de que en la terapia le había quedado claro que era importante decir la verdad y entendía que debería contarlo, había decidido no hacerlo porque no quería dañar lo logrado.

Se analizó que existía la posibilidad de que ella lo supiera por otros medios, pero él sostuvo la decisión de mantener el secreto, proponiéndose dedicar más esfuerzos para resguardar su matrimonio y seguir mejorando la relación.

Si a este caso se le hubiese aplicado la regla teórica, habríamos desperdiciado el aprendizaje que el marido obtuvo de sí mismo y a lo mejor causado un mal mayor. Él sintió que esta vez no había actuado en contra de ella, todo lo contrario, se había dado cuenta de que valoraba la relación y de que en adelante deseaba cuidarla.

Si nos pusiésemos en el caso de que ella hubiese sospechado, preguntado o expresado dudas, el camino a seguir habría sido enfrentar la verdad y sus consecuencias.

¿SE ESTÁ PREPARADO PARA SABER?

Si bien para la mayoría de las personas obtener las respuestas es de vital importancia, se requiere estar preparado para escuchar datos y hechos hirientes o desagradables. Hay casos en los que con sólo aclarar y hablar se comienza el camino de la reconstrucción y renovación de la confianza. Hay otros en los cuales por postergar un reconocimiento o aclaración, se llega demasiado tarde.

Es fundamental que la persona decida qué, cómo y cuándo preguntar. Es importante tener claro si realmente quiere saber la verdad. Aquellos que esperan que les mientan o les digan los sucesos a medias, es mejor que no pregunten. Lo que esta actitud comunica es que no se está preparado para iniciar el camino, de reflexión auténtica y honesta, que es necesario recorrer.

LA NECESIDAD DE SABER

Un planteamiento que clarifica los fundamentos de la necesidad de saber fue planteado, por una paciente a su marido, en los siguientes términos: "para mí todo fue un terremoto, yo vivía en un mundo de dudas y confusiones, pensando que estaba mal, que me estaba volviendo inestable y fantasiosa, que había perdido la brújula, cada vez que preguntaba y me negabas todo".

"Ahora que sé que no estaba equivocada, sintiendo que algo pasaba, necesito saber la verdad. Para ti, que lo has vivido, puede ser molesto volver a repasar hechos que quisieras olvidar o que desaparecieran, pero para mí es indispensable reconstruir la historia y comprenderla."

"Lo primero que necesito saber es ¿qué echó por tierra nuestra relación?, ¿cuáles son las realidades que para ti tuvieron importancia y significado? Yo estoy frente a un camino en el que no tengo señalizaciones, necesito que me des las claves para completar el mapa y poder volver a transitar. Estoy metida en un laberinto y necesito conocer la ruta para salir, esto sólo lo voy a lograr si tú te pones en mi lugar y comprendes mi necesidad de captar la totalidad. No puedo decir 'todo está bien' como tú quieres. Al no saber sólo me queda imaginar, lo que llena mi vida de fantasmas que no me dejan vivir. Es necesario que tú comprendas mi confusión y desorientación. Mi deseo de saber no es por morbosidad o para castigarte. Por el contrario, como aún te quiero, deseo tener los elementos para completar el cuadro y ver si es posible reiniciar una vida juntos, pero fuera del laberinto."

Para tener éxito en este proceso de clarificación es necesario que aquel que cometió la infidelidad, sea honesto y acepte que el camino más corto es enfrentar y no querer dar vuelta la página. También es muy importante que la persona que pregunta, tenga un comportamiento que refuerce la confianza y la honestidad. Que no caiga en el juego, común y muchas veces justificado, de disparar todo lo negativo, hiriendo, descalificando o contándole asuntos íntimos a terceras personas, ajenas al núcleo de la pareja.

Si bien no se puede negar que la rabia y la amargura son sentimientos aceptables, no es menos cierto que la pérdida de control sólo agrava la situación.

Para emprender este camino se hace indispensable tener mucha paciencia y ponerle mucho esfuerzo. Es el desafío al que tiene que responder el que pregunta, evitando castigar, vengarse e involucrar en el problema a los hijos, conocidos, familiares y amigos.

La persona se va a sentir mal ante algunos detalles, pero lo negativo hay que balancearlo con lo positivo. La actitud de honestidad y querer reparar, será mejor para todos.

Antes de analizar la forma de hacerlo, es fundamental saber en qué situaciones la revelación puede ser desaconsejable.

CUÁNDO NO COMUNICAR

No es aconsejable comunicar una infidelidad donde existen razones fundadas para pensar que se está en riesgo de una respuesta violenta y descontrolada, con peligro para la integridad de la persona. En estos casos es fundamental evaluar anticipadamente lo que significa violencia para la persona que consulta. Si para ella es recibir un grito, estamos hablando de algo diferente a si la violencia es golpear, sobre todo si ha habido una historia previa de hechos de esa naturaleza.

Es poco probable que personas que nunca, en su vida matrimonial o de pareja, han tenido la costumbre de usar la fuerza física ni la violencia, lo hagan incluso en estas situaciones.

Se desaconseja la apertura, contar y explorar los hechos que rodean una infidelidad, en aquella situación en que el engañado es un discapacitado. Si se trata de una persona que sufre un mal irreversible o una enfermedad incurable, debido a lo cual la vida de pareja está interrumpida.

Hay casos en los que la pareja está realizando los trámites de separación o están viviendo separados, lo que también hace desaconsejable contar acerca de una relación con otra persona. Sólo logra complicar la situación y no arregla ni aporta nada positivo.

Tampoco es el terapeuta el que debe presionar para que se produzca la confesión, si la pareja no lo ha hecho antes de llegar a terapia. El rol de éste no puede ser el del detective que busca al culpable, sino que debe señalar la importancia que tiene no convivir con secretos. Su función es generar las condiciones para crear un espacio de diálogo, respetando los tiempos del paciente, sin imponer el propio o proyectar necesidades y deseos.

No puede, el terapeuta, con uno de los miembros de la pareja, prestarse para crear complicidad y seguir como si no supiera nada. No se puede presionar para la apertura, si la pareja no está preparada para ello, ni tampoco si el terapeuta no tiene un vínculo fuerte y sustentable en el tiempo, con los consultantes.

AMBIVALENCIA: CONTAR O NO

Hay parejas que van a evitar comunicarlo, ya sea porque no desean enfrentar las repercusiones, porque no quieren saber la verdad o tienen sentimientos ambivalentes.

Paula y Hernán vinieron a terapia porque no estaban satisfechos con cómo estaban viviendo la relación. No habían podido tener hijos, él estaba siempre enojado y sus horarios no agradaban a Paula. A pesar de que decían quererse, tener claro el motivo de consulta y estar de acuerdo en su definición, no hubo ninguna meta que se planteara en la terapia que pudieran cumplir. Yo no veía claro hacia dónde iban las quejas de él, ni encontraba razonables los motivos que señalaba para justificar sus ausencias. Un día expresaba molestia por una razón y al día siguiente por lo contrario. Esta sensación se me hizo más evidente cuando llegaron contando el último conflicto. Ocurrió que un día, en el que ella estaba esperándolo con todo el atuendo y la escena que reiteradamente le había pedido, al llegar entra en cólera, justamente por los detalles de la situación, los que correspondían a sus deseos. Sin embargo, en esa oportunidad lo enojó y consideró la conducta de ella como un desatino.

Fue de tales dimensiones el enojo y tan desproporcionado en relación al hecho, que creó las condiciones para que él se fuera de la casa volviendo de madrugada. Este hecho, difícil de entender, me afirmó en la fantasía, que había tenido varias veces en relación a Hernán, de que estaba viviendo una infidelidad. Lo confronté individualmente diciéndole que muchas veces me había tocado ver personas que buscaban tener matrimonios puertas abiertas. Esta conducta les producía muchos sentimientos encontrados y que una forma de aliviarse, de las culpas que sentían,

119

era encontrar que sus esposas o esposos lo hacían todo mal. Que las quejas eran siempre cambiantes y que aquello pedido y deseado por uno mismo en un momento, era considerado una aberración al día siguiente. Que esta situación era de gran injusticia para el que la sufría y que en estas parejas, al estar en terapia, no se veían avances sino retrocesos y confusiones al estar siempre cambiando el motivo de consulta. Agregué que en esos casos yo recomendaba suspender la terapia conjunta, pidiendo ayuda por el motivo adecuado en el momento propicio.

Esta conversación tuvo como efecto que cancelaran la sesión siguiente, lo que me permitió inferir que no estaban preparados para la apertura.

Tres meses después llegaron con un motivo de consulta. Paula había descubierto que en la última pelea con abandono de la casa y regreso a altas horas de la madrugada, él se habría ido a juntar con una mujer con la cual había venido flirteando de auto a auto, en el regreso del trabajo y con quien había intercambiado números telefónicos. Esta vez, en la misma forma que había pasado tres meses atrás, el creó las condiciones para tener una gran pelea con la cual justificar el irse de la casa y vivir su aventura. De esta manera él vive, justifica y mantiene el matrimonio puertas abiertas. La crisis fue tan fuerte que les provocó un terremoto del que vieron sólo dos caminos: o se decidían por la separación o intentaban iniciar un nuevo camino de reconstrucción de la relación. Se trabajó para ver las razones por las cuales justo en el momento en que ella trataba de darle lo que le pedía, él se las arreglaba para frustrar la situación de encuentro. Hernán lo relacionó al temor de ser controlado y dominado por Paula, para luego ser abandonado. Experiencia vivida por él con su madre, la que habría dejado al padre y los hijos cuando era un adolescente. Esta pareja encontró el momento de rectificar a tiempo lo que para otras es un imposible, llegando demasiado tarde.

INFIDELIDADES DEL PASADO

Otra situación que genera dudas, entre decir o no, son aquellas en las que se produce un arrepentimiento tardío. Hay personas que quieren confesar una infidelidad después de 5, 10 o más años de finalizada, por tener remordimientos y querer aliviar su conciencia. En estos casos lo que me ha parecido adecuado es guiar a la persona hacia una reflexión responsable y que abarque todos los hechos. Hay varias preguntas que es necesario hacerse y responder. ¿Podrán seguir teniendo la calidad de relación que tienen actualmente, luego de comunicar su secreto? ¿Cuáles van a ser los costos y beneficios que tendrán, al revelar la infidelidad? ¿Fue aquélla una relación de larga duración o sólo de un día? ¿Existe el peligro, si fue de una noche, de haber contraído alguna enfermedad de trasmisión sexual que sea una amenaza para su pareja? ¿Qué posibilidad existe de que la infidelidad sea descubierta en la actualidad o que la persona con quien se ha vivido la aventura acuse de conductas deshonestas por haber ocurrido sin su consentimiento y en la oficina? Luego de realizar este análisis es el paciente el que decide. Si bien el ideal es la auto-apertura y la honestidad, hay que permitir que tenga libertad para decidir quien va a tener que responder por las consecuencias.

DIFERENTES LADOS DE DECIR

Los secretos siempre tienen un lado doloroso, ya sea que se confiesen, se oculten o se mienta acerca de ellos. Las preguntas ¿debo o no debo?, ¿quiero o no quiero?, tienen respuestas complejas. Ante la petición de aclarar la situación o los análisis de decir o no, he escuchado diferentes historias y he podido reconocer diversas posturas entre las que destaco las de Carolina y Aníbal.

Carolina y Aníbal no están en crisis, sin embargo ella consulta ya que está aterrada con el pensamiento de que Aníbal descubra lo que ha vivido desde hace un año. Está hastiada de sí misma, no resiste más la doble vida y se pregunta "¿para poner punto final no será mejor contárselo con algunos atenuantes?", "¿hacerlo no será perderlo?", "¿seré capaz de decirlo?", "¿será el mejor camino?", "¡si no lo digo me siento mal y si lo hago me siento peor!". "Él con lo rencoroso que es, ¿me va a perdonar?, ¿no tendré que vivir pagando una cuenta infinita durante toda mi vida o que me abandone justo en el momento cuando esté sintiendo que todo está bien y haya puesto todo para mejorar la relación?"

Aníbal, por su parte, toma una postura típicamente masculina y dice "yo, contarlo, jamás, ella no me perdonaría nunca. Yo ya terminé esa relación, no le hice ningún daño, nunca le falté, yo ya aprendí y no se volverá a repetir".

NO MEDIR TODO CON LA MISMA VARA

No todos los casos son iguales ni hay consenso entre los especialistas acerca de la obligatoriedad de confesar una infidelidad.

Hay algunos que sostienen que el terapeuta debe ser neutral y por ello no empujar para ningún lado sino crear las condiciones para que él o los pacientes se analicen y vean las razones que tienen para hablar o no. Sostienen que es prerrogativa del paciente la decisión de hacerlo.

Para otros es inapropiado hacer lo contrario y continuar trabajando con los dos miembros de la pareja sabiendo que hay un secreto no transmitido.

Las personas actúan según lo que han aprendido a lo largo de sus vidas; para muchos la máxima "ojos que no ven, corazón que no siente", es una guía que los acompaña desde siempre. Para otros los pecados de omisión, con el fin de evitar un sufrimiento mayor, no constituyen una falta sino formas de protección y un acto de amor hacia el otro. También los hay para quienes el único camino posible es la verdad. Estas diferentes formas de ver la realidad hace que las dudas sean mayores en el momento de decidir qué pasos dar.

Es sabido, cuando se está teniendo una aventura o un romance fuera del matrimonio o a espaldas de la pareja de hecho, que llegará el momento de plantearse si decirlo o no. Las opciones son revelarlo uno mismo, buscar a alguien que lo haga por uno o dejar las cosas como están, esperando que se arreglen solas o que revienten.

En cuanto a comunicar hay acuerdo en que las mujeres son más temerosas que los hombres de hacerlo y reconocer la infidelidad. En este plano la igualdad no opera, los hombres son más fácilmente perdonados que ellas. Las probabilidades de que el matrimonio se termine, cuando la mujer reconoce su infidelidad, son mayores que si lo hace el hombre.

Cuando se está preparado para saber, es el momento de confrontar. Una paciente lo explicó de la siguiente manera: "si no estás segura, si hay momentos en los que deseas saber y en otros no, es que no estás lista para enfrentarlo. Se está lista cuando la incertidumbre es más fuerte que el temor, cuando el dolor de saber va a ser menor que la sensación de locura e inseguridad que surge de esconder la verdad".

¿CÓMO CONFRONTAR?

Si tiene sospechas de infidelidad, pero no evidencias, y desea verdaderamente saber, pregunte de manera que la respuesta no sea sí o no e invite a un análisis más profundo. Es distinto decir "yo pienso que me estás siendo infiel", a preguntar "¿tienes un amante?". Es importante hacer el comentario calmadamente y luego quedarse en silencio, dándole la posibilidad al otro de responder con un razonamiento y no con una palabra.

Si siente que su relación va por un camino equivocado los pasos que puede seguir son: escuchar lo que la intuición le dice, o diferenciar esta sensación de otras que han tenido su origen en inseguridades. Al confrontar es necesario hacerlo a partir de lo que uno siente o piensa y no con frases de acusación, descalificación o insultos.

Escuche con atención lo que le responden y, si no lo hacen, repita la pregunta. Esté preparada para escuchar algo que puede no gustarle y no espere sólo la negación.

DE LO DOLOROSO A LO POSITIVO

La decisión de decir o no hacerlo es difícil de tomar. Es un hecho que involucra altos niveles de responsabilidad para los involucrados.

La guía para enfrentarlo en la mejor forma se inicia con una reflexión orientada por la pregunta, ¿cómo hacer que ésta situación, tan dolorosa, cause el mal menor y transformarla en un aprendizaje positivo? La respuesta no es la misma ni igual para todos los casos; puede que sea mejor responsabilizarse de los hechos y compartir la experiencia, invitando a un proceso de diálogo constructivo. No se trata de buscar al culpable, sino de que se amplíe la pantalla y el foco para lograr una comprensión más global. En otras oportunidades es necesario mantener el hecho en silencio. No se trata de ocultarlo y seguir actuando en contra del cónyuge o de la relación, sino que, luego de un cambio de postura interior, extrae algo positivo de la experiencia. También puede ser que se realice una aceptación responsable de los hechos que, sin degradar al otro, permita iniciar el camino de la separación.

Si quiere revelar una experiencia pasada sin que se lo hayan preguntado, realice un examen acucioso de los motivos que tiene para ello, así como evalúe los costos y beneficios de la acción.

Si su conducta sexual es promiscua y riesgosa y está poniendo en riesgo a su pareja no dude en compartirlo.

Si ha decidido contarlo, centre el foco en los hechos más que en las especulaciones y las disculpas. Evite los detalles hirientes que no favorecen el diálogo.

Ya sea que decida contarlo u ocultarlo, utilice la crisis para obtener un aprendizaje que le permita mejorar como persona individual y compartir con el otro.

La obsesión por saber

LA OBSESIÓN: UNA DEFENSA

*L*a revelación de una infidelidad para la mayoría de las parejas precipita un problema de proporciones. En general se dice que las crisis son oportunidades y desafíos para crecer pero lo penoso es lo difícil que es, para la mayor parte de las personas, el saber qué hacer para que esta experiencia sea positiva.

La persona, habitualmente, queda entrampada entre el dolor, la rabia y la culpa que producen los hechos, y por lo cual le es difícil ver más allá o poder salir de ellos. La primera reacción de shock y parálisis puede dar lugar a un conjunto de preguntas, descontroles y angustias. Lo más frecuente es que comience una verdadera obsesión que cumple una función defensiva. Todo se reduce a pensar y preguntarse una y otra vez, ¿por qué?, ¿cómo sucedió?, y sobre los detalles del hecho.

Es común ver cómo la obsesión se puede centrar en la comparación con el tercero o tercera evitando un análisis más en profundidad de los antecedentes. Es comprensible que la tercera persona sea el blanco principal, contra la cual se descarga la furia y la rabia que se está sintiendo. Esto está de acuerdo al hecho sabido socialmente de sancionar al tercero. Los dardos van siempre contra ella o él, aunque muchas veces sea injusto pensar así. Es posible que si no fuese por esa persona la infidelidad se habría producido igual con otra. Si bien esto sucede no se piensa que en muchos casos si no fuese esa o ese personaje, habría habido otra u otro.

LAS FANTASÍAS Y REALIDADES DEL TERCERO

Fácilmente tendemos a criticar al personaje que ocupa el tercer vértice del triángulo, creando imágenes exageradas, viéndolos como mujer fatal u hombre donjuán, desprovisto de principios. Sin embargo, es posible que esas personas no sean nada especial; en muchos casos puede ser alguien muy inferior al marido, a la esposa o a la pareja actual. Lo que es realidad y no fantasía es que son diferentes. La primera diferencia es el lugar que ocupan: son amantes y no esposos. Esta posición facilita la fantasía acerca de ellos, son vistos enormes, amenazantes y poderosos; imágenes que desaparecen al realizar un razonamiento más objetivo. En la mayoría de los casos es más importante la situación global de la relación, que la persona en particular.

Hay que tener claro que los terceros son personas que muestran algunos aspectos de sí, sólo sus partes mejores. Sus relaciones están libres de responsabilidades, del desgaste de la cotidianidad y de las restricciones que plantea la vida familiar al exigir cumplir con ciertas tareas. En estas situaciones lo esperado y la única misión es pasarlo bien y no preocuparse del resto del mundo.

Muchas veces las situaciones triangulares son más una respuesta a las restricciones y la rutina del diario vivir, que al rechazo a la pareja actual. Lo importante de este tercer o tercera es el rol que desempeña más que él o ella en sí.

Muchas veces hemos visto que cuando el amante se transforma en marido o esposa, al poco tiempo las ilusiones, la euforia y la sensación de estar frente a alguien especial y único, pueden quedar en el pasado. Se capta que la ilusión que ofrece, en la mayoría de los casos esta persona, es la expectativa del cambio, de una nueva vida, en pocas palabras, la novedad. En otras ocasiones se observa que con el tiempo el juego puede seguir, pero cambian los jugadores. La tercera persona de hoy puede ser mañana el esposo o la esposa engañada e infeliz en el matrimonio.

CÓMO MANEJAR LA OBSESIÓN

Es muy común volverse obsesivo y compararse con el tercero; también lo es la inevitable reacción emocional en su contra. Sin embargo, lo que tiene importancia y permite disminuir estos sentimientos y emociones fuera de control, es pensar que uno sin querer permitió su presencia y que es parte del problema, a no ser que el infiel tenga una compulsión malsana y permanente de búsqueda de novedad, o que exista desamor.

Es valioso y necesario revisar el tema una y otra vez pero en la pantalla ampliada y no en la restringida, analizando todos los antecedente a este hecho. Sobrepasar la obsesión es tarea diaria que requiere esfuerzo, perseverancia y analizar la situación en su totalidad. Se trata de controlar las emociones que achican la pantalla y reemplazarlas por el pensamiento abarcador que la amplía. Para aquellas parejas que buscan la reconstrucción de la relación es importante comunicarse abierta y honestamente, cuidando al que vive la obsesión y poniéndose en su lugar. Esto permite aminorar el poder de las obsesiones que surgen de un proceso fantasioso y amenazante. Compartiendo, aceptando y aplicando el juicio de realidad, se le quita poder al tercero del vértice, para recobrar el control y manejo de las propias emociones.

Sirve pensar que este tercer personaje ingresó a la vida de uno por la rendija que uno mismo dejó. Lo más probable es que si esa persona hubiese sido la esposa en vez de la amante del momento, la actual esposa podría haber ocupado el tercer vértice del triángulo que representaba la novedad. Es de vital importancia para la pareja arrancar de la rutina debido a que la variación es un buen antídoto para la infidelidad.

OBSESIÓN E HISTORIA

La obsesión surge junto a todos los tipos de infidelidades; el grado en que se experimente va a depender de cuáles han sido las experiencias previas en la historia de la persona engañada. Si ha vivido y conocido la traición y el abandono serán mayores y más profundos los efectos de ella.

Cuando se reviven ambas experiencias con la infidelidad, el yo íntimo del engañado es golpeado duramente, surgiendo un legítimo movimiento de defensa, que facilita la emergencia de las obsesiones. Las personas muy dependientes de los recuerdos del pasado tienen más dificultad para superarlas y terminar con ellas.

La aceptación e incorporación de los roles tradicionales influye en el surgimiento de pensamientos repetitivos y en el conteni-

129

do de ellos. Cuando es el hombre el infiel, las obsesiones de la mujer pueden relacionarse con la idea y el temor de haber sido poco atractiva como mujer. Si es la mujer la infiel, el hombre se obsesiona por la idea de que su virilidad ha sido puesta en entredicho. Es raro ver que las personas tengan una visión más abarcadora de las situaciones que han dado forma a su vida cotidiana.

CÓMO SOBREPASAR LAS DIFICULTADES

Si la pareja saca provecho de esta crisis, y resuelven reencantar la relación, revisando los temas pendientes para que los fantasmas abandonen ese territorio, puede que lo más apropiado sea ingresar a terapia, solicitando ayuda para sobrepasar las dificultades.

El análisis hay que focalizarlo en los aspectos subyacentes, justamente en aquellos que se está evitando tratar y que son sustituidos por el tema de la obsesión. Lo principal para salir positivamente de una crisis, es cambiar el foco de los temas tangenciales a aquellos que son sustanciales y de fondo.

La obsesión sirve para evitar hablar de materias, sentimientos, intereses, disgustos o problemas, que han sido dejados de lado desde el comienzo del matrimonio y que aún se están postergando. Las razones pueden ser muy diferentes, entre las cuales hay que considerar el no estar preparados para ello.

Quien habitualmente cae en la obsesión es el engañado, mientras el otro hace todo lo posible por apaciguar los ánimos y quitarle importancia a los hechos. Mientras más se trata de bajarle el perfil al tema, más aumenta la preocupación y el recuerdo reiterativo, al surgir las fantasías. Por muy dolorosa que sea la experiencia, hay que darle espacio a la conversación, permitirse aclarar y cerrar historias y no perseverar sobre las mismas.

Entre las razones por las cuales nacen estas obsesiones podemos destacar la sensación de desvalimiento, abandono, ausencia de poder y celos. Sentirse sobrepasado por los acontecimientos, junto a lo anterior, genera temor y parálisis. Esto hace más importante hablar y comprender. Al disminuir los sentimientos negativos se genera un terreno más propicio para la realidad que para la fantasía.

PASOS A SEGUIR

Se trata de definir el problema buscando dejar atrás los puntos de vista divergentes de ambos, para dar paso a una explicación compartida. Lograr un consenso, respecto a la experiencia y sus explicaciones, es básico para salir del círculo de la obsesión.

Si hay uno que impone su definición, se entra en una situación de desigualdad en la que uno gana poder, siendo el ideal equipararlos. Esto se facilita induciendo a la pareja a un análisis en el que ambos vean los aportes positivos y negativos que ha hecho cada cual para que la situación haya llegado a los extremos en que se encuentra. Se trata de evitar las culpabilizaciones, descalificaciones y recriminaciones, aumentando la empatía al ponerse cada uno en el lugar del otro.

Las desvalorizaciones, junto con la obsesión por recordar y recriminar, son actitudes que entrampan e impiden avanzar. Las preguntas que permiten aclararse son ¿qué pasó en nuestra relación?, ¿por qué empezaron los problemas?, ¿qué provocó el descarrilamiento?, ¿cuál es nuestra historia como pareja?, ¿qué nos atrajo?, ¿cuándo se marchitó esta atracción?, ¿cómo éramos cuando estábamos bien? Es importante intentar contestar éstas y muchas otras preguntas, tratando de hacerlo en forma positiva y compartida.

Hay que darse tiempo, aceptar la pena, la rabia, el stress de uno y de otro. Se vivirán momentos de encuentro y retroceso ya que la relación representa un cuerpo enfermo que hay que sanar y el proceso de mejoría se asemeja al de cualquier enfermedad física.

Es recomendable retrasar cualquier decisión drástica, ya que en momentos de crisis no es aconsejable hacerlo. Muchas veces los pasos dados, en forma precipitada, traen remordimiento y arrepentimiento. En otras ocasiones, retrasar o postergar una decisión puede ser un error, sobre todo si se hace evidente que no hacerlo pone en riesgo la integridad de las personas comprometidas y de los hijos.

Un aspecto importante de analizar es la historia familiar pues hay muchos hechos que tienden a imponérsenos como patrones de comportamiento pero que vienen predeterminados por modelos familiares más que por una decisión voluntaria.

Todo este camino es largo y doloroso, como lo fue para Roberto y Eliana. Ambos acababan de cumplir 18 años de matrimonio, ocasión que celebraron con un grupo de amigos. Uno de ellos les pregunta acerca del fin de semana pasado en Santa Cruz a lo que Eliana responde que no ha estado ahí y tanto el marido como el amigo se muestran confundidos y turbados, lo que despierta la desconfianza de Eliana.

Dos semanas atrás, Roberto dijo que había viajado a Iquique a recibir una mercadería, lo que no fue real. La verdad resultó ser que había ido a Santa Cruz con una colega de la oficina. El descubrimiento de esta mentira fue el comienzo de una serie de obsesiones acerca de todo lo sucedido e imaginado por Eliana en relación a éste y otros viajes frecuentes del marido.

Ella empezó por expresar rabia para luego comenzar un proceso de desmejoramiento físico, perdiendo 10 kilos, lo que fue alarmante para la familia.

No podía dejar de pensar que mientras ella preparaba la fiesta de su aniversario él estaba con otra. Le pedía una y otra vez que le contara los detalles, que ¿cuándo comenzó?, ¿cómo era?, ¿qué hacían? Cada vez que estaban juntos se le venía la imagen de ellos y comenzaba de nuevo con las preguntas, las rabias y los llantos que ponían a Roberto en una situación incómoda que no podía controlar.

Era tal la crisis y el sufrimiento que consultaron por sugerencia del médico de Eliana quien no lograba sacarla de la depresión. Las explicaciones de ella eran que él con su trabajo se las había arreglado para hacer lo que quería, además de dedicarle poco tiempo a ella y a los hijos. Él señalaba que siempre había buscado darle en el gusto pero que ella pedía siempre más. Le gustaba salir, entretenerse, sin importarle mucho su cansancio y sin reconocer el esfuerzo que él hacía para mejorar el nivel de vida de la familia.

Luego de mucho confrontarse, con estas quejas logran aceptar que ambos se sentían abandonados y poco importantes, tratando de aturdirse, buscando escapes en la vida social y en el trabajo. Ambos sentían que se habían dado poco tiempo para estar juntos, sin embargo, lo que a Eliana más la obsesionaba era que él le hubiese dicho siempre que ella era la mujer que más lo atraía y que, a pesar de ello, hubiera iniciado una relación con otra. La sola idea la desquiciaba y ponía fuera de sí, además de generarle inseguridad y dudas acerca de su persona.

Analizaron los temores y en los hechos de la historia familiar descubrieron un conjunto de acontecimientos recurrentes de separación e infidelidad. Vieron que se repetía la tendencia a no hablar de los problemas y a no expresar las rabias y los temores. Que los hombres buscaban pedalear para adelante sin fijarse si la ruta era la correcta. Las mujeres, por su parte, se evadían creándose un sinnúmero de actividades propias, fiestas y entretenciones que las absorbían. En ambas familias vieron que había habido casos en que la evasión fue la infidelidad de uno o del otro. Con esfuerzo pudieron detener la decisión de Eliana de separarse y, poniéndose en el lugar del otro, comprender las carencias mutuas y salir de las obsesiones.

Terminar con las obsesiones es un trabajo duro y difícil para la pareja. Es uno de los elementos que más perturba el proceso de reconciliación y es fundamental enfrentarlo. La obsesión impide que se traten los temas centrales de la pareja, aquellos que pueden haberse evitado y que la pareja no ha querido abordar, antes de entrar en la crisis y consultar a algún terapeuta. Se trata de mirar lo que no se ha querido ver y oír lo que no se ha querido escuchar.

Los hijos: inclusión y manejo

LA PERCEPCIÓN DE LOS HIJOS

*U*n problema siempre presente, en los casos de infidelidad, es la indecisión de si decirles o no a los hijos. En la mayoría de los casos que he atendido, ellos no sólo sabían desde antes el problema de los padres, sino que se les había asignado el rol de árbitros, lo que los tenía conflictuados.

Muchas veces, antes de enterarse del hecho, perciben la tensión en el ambiente. Intuyen que algo pasa, lo que los lleva a hacerse una serie de preguntas. ¿Qué podría estar mal?, ¿qué pasaba entre el papá y la mamá?, ¿llegarán a la separación?, ¿quién es el culpable?, ¿qué hacer? Los hijos entran en una verdadera obsesión pensando, amargándose, haciéndose cargo y en otros casos negando o desapareciendo. Cambian los comportamientos: unos se ponen rebeldes, otros aislados, tristes o taciturnos. Son habitualmente citados los padres por los profesores para saber qué pasa. En otras ocasiones los hijos creen que todo lo que sucede es por culpa de ellos, sintiéndose culpables.

Les surgen temores acerca de su futuro, sobre qué les va a suceder y qué será de ellos. La expresión de estas preocupaciones, rara vez es verbal. Pueden manifestarse a través de cambios de conducta, rabietas, pataletas, disminución del rendimiento en el colegio, cambio de amistades o a través del inicio a modificaciones drásticas de conductas en muchos casos desviadas con consumo de alcohol y drogas. Todo va a depender de sus edades y de la profundidad del problema en los padres. En estos casos se hace necesario darles alguna explicación, la que no puede ser igual para todos (tratándose de varios hijos), ya que se debe tomar en cuenta la edad, el grado de madurez y las características especiales del hecho.

Lo importante es que los hijos comprendan que es un problema que no depende de ellos ni está en sus manos arreglarlo.

LO QUE LOS HIJOS NECESITAN DE SUS PADRES

A pesar de los amargos momentos por los que pasa la pareja, es indispensable que ellos, como padres, desarrollen una sensibilidad especial para captar lo que les ocurre a sus hijos. Los efectos de la crisis pueden ser muy negativos, provocándoles tal cúmulo y gravedad de problemas que los lleve a deteriorarse de tal manera que hagan que todo el proceso de crisis, resolución o ruptura sea mucho más difícil de lo esperado. Es importante que sepan la realidad para dar término a las fantasías que pueden ser muy amenazantes.

Es fundamental que no pasen a ser árbitros ni confidentes de uno u otro progenitor. Esta práctica, tan común, presenta dos grandes problemas: en primer lugar, rompe y transgrede los límites generacionales y provoca un conflicto de lealtades al sentirse tironeados y con el deber de tener que tomar partido por uno u otro.

Los hijos necesitan que los padres no entren en una escalada de recriminaciones y descalificaciones que les destruyan la imagen que ellos ya se han formado de sus padres. Puede suceder que en el futuro la pareja se reconcilie, sin embargo, los hijos quedarán con las imágenes negativas escuchadas, lo que les interferirá en sus relaciones futuras, siendo difícil restituirlas tal como eran antes.

ALIANZAS, SECRETOS Y LÍMITES

En todos los aspectos es importante respetar los límites generacionales, no violar el espacio que separa el estrato de los padres del de los hijos. Estos límites definen roles, los que no pueden trastocarse. Los hijos no son los llamados a cuidar de los padres, ni a darles consejo, ni a ser sus confidentes o aliados. Evitar las alianzas o triangulaciones permitirá preservar la salud mental de los hijos y también obligará a los adultos a hacerse cargo de los problemas que les corresponden.

Si la relación entre los padres y los hijos es fuerte, si la pareja actúa como un equipo y las condiciones de vida, previas a la infidelidad, eran respetuosas y poco conflictivas, van a ser de menor gravedad, amenaza y daño para todos las consecuencias cuando se sepa la infidelidad. Habrá menos alianzas y los hijos serán menos utilizados.

Cuando se traspasan los límites generacionales y los padres transmiten, en forma descontrolada, el problema por el cual están pasando, pueden darse distintas situaciones, como que un hijo mayor se sienta responsable de todo y trate de proteger al padre engañado y a sus hermanos menores. Este hecho puede agradar al miembro de la pareja dañado, lo que hace que se fortalezca el vínculo con este hijo. Pero como carambola puede provocar celos en un hermano o hermana que quede excluido(a) de esta alianza.

Otra experiencia dañina es aquella en que quien vive la infidelidad le cuenta al hijo el problema, pidiéndole que guarde el secreto de ello para no herir al engañado. Esto crea una alianza con el progenitor que se confesó y lo distancia del otro por tener un secreto que no puede revelar.

También se violan los límites al contarle a dos o más hijos por separado el problema, pidiéndoles que no se lo digan a nadie. La alianza en este caso lleva a mayor aislamiento no sólo con el padre herido sino entre los hermanos.

Un hijo que obtiene, en una confidencia, el conocimiento de un secreto de esta naturaleza y que ha jurado mantener en silencio, sentirá que si lo transmite o lo guarda para sí está siendo traidor a alguien. Las reacciones posteriores van a ser sentimientos de culpa y conflictos de lealtad.

La culpa puede ir aún más lejos, como en el siguiente caso. El padre y su hijo van al gimnasio en donde el primero le presenta a su amante. Con anterioridad le había hablado de ella, pidiéndole que le guardara el secreto sobre ello e insistiéndole en que no lo llegara a saber su madre. La situación se ve más agravada cuando, a los pocos días, la madre se acerca al mismo hijo y le dice que tiene serias sospechas de que su padre la engaña y que lo va seguir, y le pide la acompañe ya que no se atreve a hacerlo sola. Ella también le solicita que mantenga el secreto. No es difícil imaginar el conflicto, los temores, la culpa y los sentimientos de deslealtad que habrá tenido este hijo tironeado por padres que no han asumido sus roles y que han trasgredido los límites generacionales en forma extrema. Él se niega a acompañar a su madre, alegando que tiene ensayos de la prueba de aptitud en el colegio. Toda esta situación le afecta la salud, lo que preocupa seriamente a los padres. Ven que pierde peso, no duerme en las noches y se aísla del resto de la familia. En el colegio también habían captado el problema, recomendando una terapia, a la cual van todos los integrantes de la familia, aclarándose la situación cuando el padre reconoce su relación y la madre confirma su sospecha. Para Andrés esto significó su liberación.

REACCIONES SEGÚN LA EDAD

Las personas reaccionan en diferente forma según su edad y la profundidad del conflicto. Los niños pequeños no han aprendido aún a comunicarse en temas complejos y abstractos, por lo cual sus reacciones se dan a través de conductas. Muestran sus emociones a través de regresiones o vueltas hacia atrás, adoptando actitudes más infantiles que ya habían superado, como si retrocedieran en el tiempo. Pueden volver a chuparse un dedo, balancearse como si fuesen una mecedora, no controlar los esfínteres o ponerse tartamudos. Buenos alumnos pueden bajar su rendimiento escolar, pasar de ser "niños" perfectos a tener mala conducta. Se ha visto que es común que sufran de terrores nocturnos y otras alteraciones del sueño. Se observan cambios conductuales repentinos, pasando de una conducta a otra y extremando las reacciones. Los hijos se pueden desbandar así como volverse "niños modelo".

Los niños de algunos años más pueden también presentar las características descritas, con la diferencia de que están capacitados para expresar algunos de sus sentimientos y emociones. Captan que el tipo de tensión que perciben de sus padres puede anteceder al divorcio o la separación; saben que su vida va a cambiar radicalmente.

Si bien algunos pueden alejarse y hacer como que no les estuviese afectando, los hay quienes espontáneamente expresan su rabia y frustración. También puede suceder que haya algunos que no estén preparados para expresarse directamente y presenten alteraciones que obliguen a atraer la atención de los padres en un intento inconsciente por mantenerlos juntos. Se pueden volver peleadores y en algunos casos extremos hacer intentos de suicidio.

Para los adolescentes es para los que es más difícil enfrentar la infidelidad de los padres, debido a que han logrado desarrollar una visión más global de los sucesos y una actitud más crítica de los hechos. En esta etapa se vuelven más sensibles frente a la hipocresía así como a no aceptar que se les apliquen reglas que los demás no respetan. Se rebelan contra los padres que les piden que actúen como ellos les dicen y les prohíben hacerlo de acuerdo a como ellos mismos actúan.

Por otro lado, están en la etapa de ebullición de su sexualidad, en donde se sienten tironeados por la atracción que ella puede ejercer y las enseñanzas que han recibido. Luchan entre la atracción y el rechazo. Estos adolescentes sienten que el mundo que esperaron y desearon se les vino abajo, que los padres que pensaban eran modelo de consistencia y estabilidad cambiaron.

El testimonio de una joven puede ejemplificar mejor lo que he sostenido. Ella dice "Tengo 25 años y tuve que participar muy de cerca en el conflicto de mis padres por la infidelidad de él. Esto me permitió ver aspectos de ellos y en especial de él desconocidos por mí. Fui confidente de mi madre y supe datos y hechos que habría querido no saber nunca. Me sentí tironeada, ninguno captó que yo también tenía mi vida afectiva con problemas, agrados, felicidades y sobresaltos. Esta experiencia me influyó en mi propia relación de pareja; a pesar de haber tenido pensado casarme en un año, lo he ido postergando y no sé si quiero hacerlo y vivir lo mismo que ha vivido mi madre. Me he vuelto escéptica, más realista, suspicaz y desconfiada".

Las conclusiones que uno puede sacar de casos como éste son que, tengan la edad que sea, los hijos se afectan con las infidelidades de los padres. Que el daño es mayor si estos hijos se ven sobrecargados con los secretos que ellos les transmiten al hacerlos sus confidentes y aliados. Que los problemas de los padres no pueden ser ocultados fácilmente de los hijos. Finalmente, que los límites generacionales deben ser respetados y no trasgredidos.

Los hijos pueden aceptar que los padres se equivoquen, pero les es muy difícil tolerar la mentira, la inconsistencia y la hipocresía.

Cuarta Parte
Crisis y desenlace

Reacciones ante la crisis

Las pérdidas

Los seres humanos tenemos que enfrentar, durante toda nuestra vida, pérdidas dolorosas. Los duelos forman parte de la existencia humana y la posibilidad de superarlos depende de la perspectiva con que se les enfrente. No son los hechos en sí los que nos alteran, sino el valor y significado que les damos, es decir, la explicación y alcance que les otorgamos.

Una de las pérdidas más dolorosas que, uno o ambos miembros de una pareja pueden tener, es saber que su cónyuge le ha sido infiel.

Rosario dice "pensar que me mintió día a día, y yo le creía como si fuera tonta. Parecía que no lo conocía a pesar de que creía saber como era. Ese descubrimiento fue, para mí, como si de repente me hubiese caído en un abismo y quedado en la nada. No entiendo cómo no pensó que me estaba dando un golpe mortal".

Estas palabras muestran lo doloroso que es para una mujer la infidelidad del marido; es como si todo se saliera de su sitio y uno perdiera la capacidad de comprensión de los hechos, de aquello que sucede.

Lo mismo le ocurre al hombre, al enterarse de que su pareja lo engaña. Se le hace difícil creer, en un primer momento, que lo que está viviendo es la realidad y no una pesadilla. Saber y sentir que le han mentido tiñe su universo de una sensación de irrealidad, de no saber con quién está casado o en qué momento se produjo el cambio.

PENSAMIENTOS NEGATIVOS Y DOLOR

"Mi mujer me mintió", "me siento hundida", "nuestro matrimonio naufragó", "mi mujer continúa conmigo porque yo la mantengo", "mi marido me engaña porque yo no soy buena para la cama y no soy atractiva", son algunas de las frases que se escuchan con frecuencia y representan realidades dolorosas. Lo dañino de ellas es que todas simbolizan una forma negativa de pensar sobre uno mismo, lo que produce efectos destructivos.

No hay que olvidar que uno siente lo que piensa. La fuerza que tiene el pensamiento tiñe toda nuestra percepción y nos lleva a actuar acorde a él. Es por eso que si uno juzga que es un fracasado va a sentirse, permanentemente, como tal, y actuará de esa manera. De lo anterior se desprende que si después de descubrir una infidelidad y vivir todo el dolor que esto implica, uno continúa con los pensamientos negativos, se prolonga el sufrimiento y se entra en un círculo vicioso corrosivo.

El diálogo interno, aquel con el que se vive las veinticuatro horas en comunicación permanente, es el que más influye, en algunas oportunidades ayudando o impidiendo, a salir del círculo doloroso que acompaña una infidelidad.

ANTE LOS HECHOS

Las reacciones de los cónyuges, cuando la infidelidad es descubierta, son variadas. En un extremo –poco frecuente en nuestra experiencia– se encuentra la indiferencia, la negación e incluso el alivio de la pareja. En el otro extremo se encuentran las personas que despliegan intensas emociones de rabia, celos, revancha, violencia, dolor, desvalimiento y desesperación. Muchos al saberlo se angustian y violentan por la pérdida que ello significa. La primera reacción, luego de la negación y del sentimiento de incredulidad, es culpar al otro por lo sucedido. No es fácil reconocer la propia participación, lo que corresponde asumir o cómo ambos y las circunstancias colaboraron para que la infidelidad se produjera.

Lo que viene enseguida de culpar es desear, violentamente, poner fin a la relación, echando al infiel de la casa, descargando, con esta conducta, la ira y la propia frustración.

Hay casos en los que se observa una reacción, distinta a la anterior, en que surge un fuerte temor, un miedo intenso ante la posible ruptura. Esto lleva al cónyuge "engañado" a reprimir la rabia por miedo, inseguridad, fragilidad y vulnerabilidad. En este contexto, son frecuentes las reacciones depresivas, así como las expresiones indirectas de agresión. A medida que se alivia el bloqueo inicial, se suele buscar castigar al esposo o esposa infiel, ya sea poniéndolo(a) en ridículo en público, flirteando con otras personas, negándose a tener relaciones sexuales con él o ella, cuidando más de otros que de su pareja, mostrándose despreocupado, negligente y olvidadizo, formas indirectas de vengarse del daño recibido.

Algunos cónyuges desarrollan ideas obsesivas acerca del "amante", tratando muchas veces de conocerlo, buscando saber de él o ella. Creen, mágicamente, que imitándolos lograrán más interés de su marido, esposa o pareja en un intento por recobrarlos.

Una reacción saludable para salir del dolor es buscar ayuda especializada, ya sea juntos o por separado, para poner orden en la situación, y darse tiempo para así manejar la crisis sin disparar con lo primero que se tiene a mano.

Asumir lo que corresponde, delegar lo que no es propio y comenzar el camino de la negociación y modificación de conductas, permitirán superar el conflicto, definir posiciones, delinear planes futuros y tener mayor claridad para reparar el daño alcanzado.

Si bien hay una gran variedad de reacciones posibles, el descubrimiento de la infidelidad es siempre vivenciado como un evento inesperado, asociado al desastre y la catástrofe. Constituye la muerte de la inocencia de la relación, la ruptura de la promesa —muchas veces implícita— de exclusividad en la sexualidad.

En el proceso que se inicia hay elementos que se asemejan a un proceso de duelo, complicado por los sentimientos de desconfianza y celos.

En general, al momento de consultar, el problema no es ya la infidelidad, sino el circuito vicioso de la desconfianza. Hay sentimientos de rabia, inseguridad e incredulidad que pueden expresarse de manera implícita o explícita. En nuestra experiencia, esto trasciende el tiempo, llegando a constituirse en un obstáculo que se activa en períodos de tensión. A pesar de haber llegado al acuerdo de olvidar lo sucedido y recomenzar otra vez, las crisis surgen repetidamente y muchas veces se mantienen en el tiempo.

NIVELES DE CRISIS Y SUS EFECTOS

Las características de las crisis y las reacciones ante ellas, difieren sustancialmente de una pareja a otra, no sólo en relación al tema central donde radica, sino en la forma de abordarla y en el plan de trabajo que se puede desplegar, de acuerdo a su intensidad y duración.

Se ha observado que las crisis y conflictos pueden ordenarse en una gradiente, dando nacimiento a un continuo que va desde las más leves a las más graves. Al observarlas desde la perspectiva de menor a mayor nivel de complejidad y complicación, vemos que en aquellas en que el conflicto es mínimo, se responde favorablemente a técnicas educativas en relación al funcionamiento de la pareja. Ellas captan la información, la utilizan y logran cambiar, mejorando la situación.

En un segundo nivel se ubican los que han estado en conflicto durante más de un año, incluyendo un grado significativo de proyección y pérdida del propio foco de interés. Se trata, en este caso, de cambiar o modificar la dirección de la atención y la significación que se le da al proceso. Que ambos esposos logren alcanzar una visión más global. Dejar de pensar que existe una sola verdad sobre los hechos, incorporando ambas realidades.

Luego vienen las parejas que presentan conflictos matrimoniales severos, con duración de años, con proyecciones intensas, colocando en el otro toda la responsabilidad y no pudiendo dejar de culparse. Cada esposo acusa al otro, y ambos son absolutamente incapaces de mantenerse en su propia realidad.

En las crisis específicas a partir de una infidelidad, también podemos encontrar estos niveles de gravedad y dificultad, lo que influirá en el camino a seguir, ya sea de recuperación o ruptura.

Los casos más agudos son los más difíciles de tratar. En ellos hay que controlar la reactividad de los esposos, que se traduce en una tendencia a actuar emocionalmente, en forma muchas veces irracional, impulsiva y sin ningún manejo.

En estas situaciones se puede inicialmente obtener logros, sin embargo, el conflicto tiende a reaparecer, aumentando la virulencia. Muchas veces, en estas circunstancias, se observa que ambos esposos han perdido su capacidad de reacción y tendrán dificultades para responder a tratamientos posteriores.

En este nivel, la situación se considera más bien adversa que potencialmente conciliadora. La mayoría de las veces, en gran parte de estos casos, los intentos por mantener unida a la pareja, son inútiles y la separación se hace inminente.

Muchas características, de los grupos recién mencionados, poseen un paralelo con cierto tipo de cáncer y su tratamiento. Los oncólogos identifican la severidad de la enfermedad de acuerdo a ciertas características celulares y al grado de invasión hacia el tejido sano circundante. El primer nivel constituiría, por lo general, una lesión precancerosa que no requiere un tratamiento específico, que necesita una simple escisión, además de las instrucciones para prevenir y detectar los signos de una recaída. Mientras más avanzado esté el cáncer, más invasivo se vuelve el tratamiento. La quimioterapia produce inicialmente un resultado positivo, incluso en los casos más avanzados, pero se requiere su recurrencia en períodos cortos, pudiendo ir disminuyendo la capacidad de reacción hasta que se llega al momento en que no hay nada más que hacer.

El proceso de recuperación

ETAPAS Y CICLOS

*L*as personas que enfrentan una crisis por infidelidad encuentran útil saber que van a pasar por altos y bajos de acuerdo a un ciclo natural establecido e identificado por estudiosos del tema.

Estas etapas secuencialmente son: negación, rabia, negociación, depresión y aceptación. Si bien las definimos secuenciales, en la realidad se pasa de una a otra y se puede regresar a una anterior o avanzar, saltándose una etapa. Es como estar en una espiral en la cual se viven altos y bajos.

¿Cuántas veces hemos visto personas a las cuales se les ha comunicado un hecho doloroso y actúan como si nada pasara? Se trata de una forma de negación, de un mecanismo de defensa creado por la mente para dar tiempo al organismo a la asimilación del hecho, a facilitar el proceso.

A veces el paso por la etapa de negación es muy corto, avanzando y surgiendo la rabia, momento en el que puede sentirse deseos de hacer daño, llevar a cabo una venganza e incluso experimentar instintos asesinos los que en algunas ocasiones se concretan, como lo vemos en películas como *Infidelidad* y en la vida real en los casos que aparecen en las noticias policiales.

Rabia, pena, temor y venganza

Cada persona expresa la rabia a su manera; y hacerlo es lo más sano por ser la forma de dar comienzo al proceso de duelo y recuperación. Lo importante es realizarlo con control, teniendo manejo sobre la manera de expresar esa rabia. Se trata de tomar conciencia de la crisis, asumiendo lo que corresponde y dejando de lado lo que no tiene relación con uno, y de lo cual no es necesario hacerse cargo. Esto caracteriza la etapa de la negociación, la que no está bien descrita con ese nombre. Es el momento de responsabilizarse de lo propio, de decir lo hasta ahora silenciado, expresar los sentimientos y evaluar hasta y hacia dónde se va a ir o llegar. Se debería llamar más que negociación, discernimiento, ya que es un proceso de reflexión con un análisis de lo sucedido. Hay algunos que lo asumen todo como responsabilidad propia y para evitar conflictos no expresan nada, se vuelven sumisos y dependientes. En este caso no se inicia el camino del cambio sino que se da comienzo a una nueva forma de prolongar el sufrimiento y de postergar la solución. De la reflexión conjunta deben ambos salir satisfechos. Si hay uno que se resigna es que se ha logrado una solución poco satisfactoria.

La depresión se inicia al tomar conciencia de lo largo y doloroso que son los vaivenes del camino. Que en un momento se puede ver todo claro y que luego se oscurece el horizonte y se vuelve a retroceder.

Surge el decaimiento, el cansancio, la desesperación, tal como lo demuestran algunas frases escuchadas: "siento que no doy más", "lloro todo el día" , "sé que no gano nada con lamentarme, pero no puedo parar", "al comienzo hice todo lo que pude, pero me agoté, no sé qué más hacer", "cómo no vi nada, cómo pude ser tan ciego", "si hubiese sido más expresivo con mis sentimientos esto no me habría sucedido..." Son todas frases que expresan algo negativo, lo que se autorrefuerza, creando un círculo del cual es difícil salir.

En esta etapa puede ser útil la ayuda de un especialista e incluso de medicamento, para aminorar el sufrimiento que se siente y que tiñe el ambiente de negro.

La venganza se plantea como una forma de hacerle daño al otro, como algo que produzca un sufrimiento similar al que uno siente. Pero esto prolonga el proceso de duelo, volviendo una y otra vez a las recriminaciones. Sea que se cumpla con el dicho del antiguo testamento "ojo por ojo y diente por diente" o se comience a apuntar goles en el tablero de la historia, son procesos y sentimientos que entorpecen el camino de sanación y atrasan la recuperación.

Es necesario manifestar todas las emociones, es fundamental expresarlas. Compartir la pena, el temor, la rabia y las inseguridades, puede dar paso a la calma y lograr despejar el camino de superación de la crisis.

Para salir adelante hay que aceptar, es decir reconocer el hecho no sólo desde un punto de vista intelectual sino emocional. De ahí que cuando uno se siente como que ha muerto, tenga la fuerza para recrear sueños compartidos y en otros casos sienta que se llegó demasiado tarde.

LAS DISTORSIONES QUE ENTRAMPAN

Son muchos los psicólogos que han dedicado largos años de estudio para describir un conjunto de formas de pensar que llevan a las personas a resolver equivocadamente o a quedarse cogidos en situaciones de las cuales les es difícil salir. Ellos las han llamado distorsiones cognitivas, que en palabras simples son trampas del pensamiento. En síntesis, son formas de pensar la vida e interpretar los hechos en forma rígida y repetitiva.

La primera de estas distorsiones que entrampan es juzgar los hechos en blanco y negro, no dando lugar a los términos medios. Dividir el mundo entre buenos y malos, entre ganadores o perdedores, entre santos y demonios. En relación a cualquier problema del diario vivir, en especial con los que vive la pareja en los problemas de infidelidad, esta forma de pensar constituye un peligro para la resolución del conflicto, por lo restringido de sus categorías y los prejuicios que crea.

Otro camino ciego es la utilización de la sobregeneralización, de razonar en la misma forma, ante situaciones distintas, sin mucho análisis. Por ejemplo, sentir y pensar que porque le mintieron una vez no van a dejar nunca más de hacerlo. También he escuchado decir "no he sido feliz y nunca lo voy a ser, hay personas que nacen para serlo y otros no". En general son formas de pensar en las que no se incorpora la noción de cambio ni de flexibilidad. Así, por ejemplo, decir "como me engañaste una vez nunca más voy a poder confiar en ti".

El proceso anterior se antepone a la simplificación, otra trampa común a muchas personas. Ella nos lleva a prestar atención y a focalizarnos en una parte del problema.

La descalificación o negación de lo positivo es otra forma de pensar que entrampa al eliminar cualquier juicio o evaluación positiva de sucesos que en apariencia nos pueden parecer negativos. Esto nos impide sacar conclusiones creativas que permitan darse una nueva oportunidad ante los hechos adversos.

Es común ver que ante cualquier problema nos transformamos fácilmente en lectores de mente, en verdaderas pitonisas, lo que distorsiona la realidad. Así sucede cuando no consideramos los hechos desde diferentes perspectivas sino desde el punto de vista propio, realizando generalizaciones que entrampan.

En todas estas formas de pensar vemos que magnificamos algunos hechos, minimizamos otros, lo que puede volverse dramático en el caso de algunas parejas a las que les es fácil colocarse en posiciones opuestas. Mientras uno maximiza el otro minimiza y así no se llega a soluciones consensuadas o de acuerdo.

El uso indebido de los debería, de las etiquetas, de los prejuicios, no permite que los hechos fluyan y se enfrenten con flexibilidad y sin rigideces que paralicen. Estas formas de distorsionar son dañinas porque impiden modificar las conductas, los pensamientos y las emociones.

Si una mujer dice "yo debería haber sido más seductora", si describe al otro como un "canalla" o "un desgraciado", si a la tercera la ve como una arpía, una diosa del mal, está congelando las situaciones y a las personas en sus roles, no permitiendo avanzar.

Todas estas formas de pensar hacen que, en el caso de la infidelidad, el camino a recorrer sea más largo y azaroso. Lo indicado y útil es no tomar posiciones extremas, ni utilizar las formas de razonar descritas.

¿CÓMO SALIR DE LAS DISTORSIONES?

Si se desea salir de las distorsiones y de la rigidez, hay que, en primer lugar, expresar lo sentimientos en forma asertiva, directa y controladamente. Decir todo lo que uno siente y piensa sin buscar destruir al otro. Controlar las descalificaciones y agresiones, sean verbales o físicas, impidiendo la creación de una escalada de violencia.

Pensar y estar conciente de la necesidad de auto protección y cuidado, no exponiéndose a situaciones que no se va a poder manejar. Como enfrentar y querer saber si no se está preparada, como buscar ver y querer contactar al tercero sin tener claro cuál es el o los objetivos al hacerlo.

Contar hasta diez antes de lo que va a decir le va a permitir ganar confianza en sí mismo; logra de esta manera tener control de una situación que puede arrancársele de las manos. Desarrollar rutinas que lo calmen, adoptar conductas repetitivas que no requieran una gran concentración, como ordenar, arreglar objetos, caminar, bordar o jardinerear, las que distraen y sirven para disminuir la ansiedad. Escuchar música cerrando los ojos y visualizando escenas placenteras de sí mismo y de su historia personal. Planear actividades gratificantes, entre las cuales pueden figurar buscar y recibir apoyo o crear nuevos hobbies. Son distintas formas que permiten recuperar el control.

Resistirse a vivir en la lógica de la venganza, la repetición de los hechos, son algunas de las maneras positivas que pueden ayudarnos a salir de las formas estereotipadas de pensamiento, a la base de las distorsiones. Cada persona tiene su forma personal y única de distraerse, a las cuales debe recurrir.

Diálogo interno y autoafirmación

Todas estas distorsiones se vinculan al diálogo interno, a aquella conversación que mantenemos permanentemente con nosotros mismos y que más influye en los estados de ánimo personales. Por eso es importante chequear lo que nos estamos diciendo. Tomar conciencia de ello nos permitirá cambiar de rumbo, eliminar o controlar lo que nos daña y paraliza.

Por ejemplo, si lo que me digo es "no puedo soportarlo, creo que me voy a morir", decirse: "trataré de ver qué puedo aprender de esta experiencia tan dolorosa". En vez de generalizar diciendo "no sé cómo se atreve el muy sinvergüenza...", recordar aquellas conductas en las que no ha sido desvergonzado. En generar se trata de intentar nuevas explicaciones e interpretaciones alternativas a la situación adversa.

La expresión constructiva de las emociones incluye expresar en forma directa, honesta y congruente lo que se siente, piensa y es, sin ofender ni agredir, sino que haciéndolo de manera que no quepa dudas acerca de lo que uno está sintiendo y de lo que dice.

Es fundamental hablar en primera persona y expresarse diciendo "estoy decepcionado(a)", "me dolió tu engaño", "me traicionaste", en vez de "eres un traidor", "un mentiroso y un desgraciado(a)".

Para confrontar se requieren fuerza y coraje, sobrepasar las barreras internas y expresar las emociones en forma constructiva.

Para poder hacerlo es necesario estar dispuesto a perder o ganar para no quedar entrampado en el temor al rechazo. Decirlo es muy fácil, lograrlo es doloroso. Hay que trabajar en uno mismo y aprender dos lecciones básicas para lograrlo: una es que uno es actor en su vida, y que la fuerza, el coraje y la decisión de sobrevivir están en nuestro interior. No sentirse siempre dependiente de otro para lograr ser uno. Sólo será un perdedor si siente que no es nadie si es rechazado. Si parte desde esa posición no va a ser respetado, no va a ser tomado en serio. Otro punto central, en esta etapa, es no temer al conflicto. Es importante expresarse, decir y escuchar, aunque sea doloroso; no busque la paz a cualquier precio. El temor a que el problema se agrave nos lleva muchas veces a bajar las armas y rendirse antes de empezar. En ese caso usted no se está protegiendo, está siendo la protectora de aquellos que tienen que explicar. No por evitar un conflicto se va a comprar una vida desgraciada. Sepa que nadie es tan frágil que no pueda sobrevivir a un conflicto a no ser que exista un riesgo real de violencia. En ese caso nada de esto cuenta porque se trata de otro tipo de relación.

Del dolor a la recuperación

PALABRAS SIGNIFICATIVAS

Son muchas las personas que han continuado la vida juntos luego de un infidelidad. Esta decisión de compromiso ha sido expresada, por muchos de los pacientes que pidieron ayuda y confiaron en mí, con diferentes palabras.

Lucía dijo: "A pesar de lo vivido, la idea del divorcio no estuvo en mi mente. Me enrabié a morir cuando me enteré, pero lo expresé todo. No me dejé llevar por la frustración, el orgullo ni el apresuramiento. No lo eché impulsivamente de la casa. No metí a los niños en el cuento. Junto con expresarle mi sufrimiento le hice presente que mi compromiso con él era muy grande, si bien no iba a obligarlo a permanecer conmigo a la fuerza le expresé que él y lo construido por nosotros, eran importantes para mí. Pensaba todas las palabras que decía sin humillarme ni insultar".

Alfredo, casado hace 20 años, señaló, "para ser sincero tengo que decirle que me morí de dolor al saberlo. Nunca pensé que ella me engañaría, pero como soy un porfiado, como sabía que yo la quería, tuve confianza en mí y me propuse reconquistarla. Yo sabía que había potencial en nosotros para rectificar, que todavía podíamos hacer algo juntos. No quise dejar pasar la ocasión de intentarlo. No dejé que me la ganara una equivocación".

Ambos, por separado y sin conocerse, dicen que el compromiso es lo que hace fuerte un vínculo. Es lo que permite seguir insistiendo en invertir en una relación, a pesar del dolor, del sufrimiento, la frustración y la desilusión.

REACCIONES ANTE EL DOLOR

Lo que me ha parecido un paso fundamental y necesario de dar por aquellos que quieren llegar a la recuperación, es que estén decididos a examinar la relación, a usar las energías, los talentos, y hacer los esfuerzos para mejorar lo existente. Si hay compromiso básico y voluntad de salir adelante la infidelidad puede ser el punto de partida para una revitalización del compromiso.

La mayoría, sean hombres o mujeres, al saber de la traición, tienden a tirar todo por la borda, a reaccionar impulsivamente, a dejarse llevar por la rabia y la frustración, a contarle a los hijos y amigos, buscando aliados para su causa, ahondando la distancia y agregando elementos negativos al problema. Sin embargo, también, son muchos los que se las arreglan para que con lo que queda, reconstruir la relación, haciéndola más fuerte que antes.

Isabel esperaba su tercer hijo y los dos mayores estaban en el colegio, cuando su marido, un dominicano residente en Chile, fue trasladado a Miami por la empresa multinacional en que trabajaba. Ella, chilena de Antofagasta, decide quedarse los meses que le faltan hasta tener a su hijo y así permitir que los mayores terminen el año escolar, para luego juntarse con él. A los dos meses comienza a sentir que algo no estaba marchando bien. Muchas veces pasa que lo llama a diferentes horas, sin que él conteste el teléfono. El celular está siempre fuera del área de servicio, especialmente en las horas fuera de la oficina. Cuando logra hablar con su marido, a veces le parece que está con trago, y también nota que cada vez pregunta menos por su estado y los hijos.

Al momento del nacimiento, viene sólo por una semana, explicando que el trabajo no le permite estar más tiempo fuera. Esto hace que Isabel adelante su ida a Miami sin esperar que los mayores terminen el colegio, dejándolos a cargo de una hermana. Al llegar de sorpresa, encuentra en su casa a una mujer, quien dice ser la persona que la dirige, una especie de dueña de casa, que luego desaparece. Ésta es su primera sorpresa ya que siempre creyó que el encargado era un mozo. Ve que algunas vecinas del condominio la miran en forma poco amistosa al verla pasar y se decide a enfrentarlo y averiguar con otras personas lo que ha sucedido. Se entera de que, en esos casi seis meses, a su casa ha llegado una seguidilla de mujeres, las que se han alojado, en diversas ocasiones, cada una con una disculpa y razón diferente.

A pesar de que estas revelaciones le provocan una rabia asesina y un fuerte deseo de destrozar objetos, de hacerle daño a su esposo, de vengarse, logra controlarse con gran esfuerzo. Es capaz de pensar que el hecho de que fueran distintas y muchas mujeres, significaba que ninguna era muy significativa para él. Nunca antes mostró ser un compulsivo sexual, si bien era bastante necesitado de atención y halagos.

Esta interpretación le permite mirar los hechos con más distancia, calmarse en una pequeña medida y no involucrarse compulsivamente en conductas autodestructivas. Poder mirar la situación desde otra perspectiva, le permite ponerse en la pantalla más amplia. Acepta lo que él le plantea, de haberse sentido abandonado por ella y los hijos con su decisión de quedarse en Chile. Ella pensó que muchas de las conductas que él le decía sentir eran muy parecidas a lo que ella vivió en su primer matrimonio, cuando estuvo casada con un ejecutivo que tenía que ausentarse, frecuentemente por su trabajo. Al sentirse abandonada por su marido viajero, le había sido infiel no tanto por entusiasmo como para llenar su vacío y soledad.

Así, buscaron terapia en Chile, al venir a buscar a los hijos y tener las vacaciones, pudiendo ver que las infidelidades de ambos se asociaban mucho a sentimientos de dolor y pérdida, logrando compartir estos sentimientos.

Por supuesto, no todas las parejas están dispuestas a hacer estos análisis, ni a asumir el esfuerzo que significa someterse a una terapia. Hay también muchos hombres y mujeres que al quedarse temporalmente solos se dedican a adoptar una serie de conductas de adolescentes, entrando en un búsqueda frenética de novedad y placer. Son reacciones de querer vivir tardíamente la adolescencia, lo que produce resultados muy diferentes.

Otro caso es el de Beatriz, quien le cierra la puerta del dormitorio a su marido, porque no desea tener más vida sexual con él.

Esta decisión unilateral no es conversada; según ella está cansada de tener una vida sexual insatisfactoria, ya que él ha sido siempre eyaculador precoz. Él, por su parte, no enfrenta el problema, no lo conversa, sino que comienza una relación con una joven que conoce en un campo de golf. No quiere separarse, piensa que puede manejar ambas situaciones al mismo tiempo y en forma paralela. Cree que satisfaciendo sus necesidades y dejando a su mujer tranquila arregla los problemas y mantiene a la familia.

Al saberse los hechos, ambos entran en una escalada de recriminaciones. Para él ella era la culpable de la conducta adoptada, sin considerar que la decisión de tener a esta amiga era su propia opción. Opina "yo entré en esa relación porque tú no quisiste nada conmigo".

Ella le echa en cara que nunca había entendido cuáles eran sus necesidades de intimidad, que no le había importado su insatisfacción en el plano sexual y que sólo se había preocupado de sí mismo.

Las acusaciones no pararon, lo que impidió llegar a un acuerdo o crear un espacio de diálogo en el que pudieran expresarse sentimientos, ponerse en el lugar del otro y sentir que el compromiso era lo que podría mantener la relación. Este matrimonio resolvía los problemas postergando su enfrentamiento, aturdiéndose con una serie de actividades superfluas, con el objetivo de ocultar una superficialidad en la forma de mirar la vida, así como los fuertes índices de desamor demostrados por una serie de comportamientos anteriores, entre los que se encontraban faltas de respeto, descalificaciones mutuas, vidas paralelas y la facilidad de tomar opciones en las que no consideraran los sentimientos y el cuidado del otro. Esta pareja no pudo superar la etapa de las recriminaciones y finalmente se separó.

Diferente fue éste al caso anterior en el que ambos comprendieron que las infidelidades fueron el resultado de un dolor, de una pérdida, y hubo espacio para compadecerse mutuamente.

Para poder salvar el matrimonio el camino a seguir es otro; es necesario comenzar por darse el espacio necesario para expresar la pena y la rabia. Poder hablar y ser escuchado y no tener un diálogo de sordos, en donde ambos hablan pero en realidad ninguno escucha. Tener bases sólidas de compromiso y no estar juntos por el interés de lo que el otro le va a proporcionar.

UN CAMINO COMPARTIDO

Si el que es infiel puede ser escuchado, si el engañado puede expresar su dolor y ser acogido, el camino lleva al encuentro. Urge analizar por qué se llegó a la situación actual, que significó el proceso para cada uno, cuáles son los sentimientos presentes. Si ambos pueden hablar y ser escuchados, se crea una instancia genuina de sanación mutua al compartir el dolor.

Muchas infidelidades son formas de poner una señal de alarma, son intentos de llamar la atención, de buscar satisfacer una necesidad, pero no de ir al fondo del problema.

Querer mantener la familia y el matrimonio no son, por sí solos, anhelos que permitan sostenerse en el tiempo. Si se espera alcanzar la unión, no es posible afianzar el vínculo mirando el problema en forma superficial y no abordándolo con voluntad de cambio.

Pueden tomarse opciones para lograr lo que falta, que no sean las apropiadas; a pesar de que superficialmente se puede creer que todo se arregla de esa manera.

No hay un decálogo que plantee qué es necesario realizar para que luego de enterarse de la infidelidad la pareja pueda permanecer junta. Hay muchas formas de hacerlo, y lo que suele ser adecuado para unos puede no serlo para otros. Los pasos comunes eso sí, para todos, son decidirse a hablar y comunicarse, ventilar lo que se siente cuidando al otro, no haciendo de la situación un festín de acusaciones.

Recuperación personal
y de la pareja

VÍAS DE RECONSTRUCCIÓN

*H*ay dos procesos que corren paralelamente y que es indispensable experimentar para sobrevivir a una infidelidad. El primero es la recuperación personal y el segundo la recuperación de la pareja. Esta última no se puede lograr sin que se haya alcanzado la primera.

La recuperación personal es un hito de gran importancia, indispensable e independiente al hecho de sobrevivir a la infidelidad o terminar con la relación. Hay personas que recorren el camino de su propia recuperación y, a pesar de ello, se separan. En otros casos, vemos que al alcanzar la recuperación personal se llega naturalmente a la reconstrucción del matrimonio.

En el primer caso la persona puede darse cuenta, tomar conciencia y responsabilizarse por lo actuado, advertir que tuvo motivaciones que no correspondían a necesidades reales de ella sino a hábitos establecidos que le llevaron a la repetición de conductas. Sin embargo, a pesar de su nueva percepción de los hechos, no tiene posibilidad de salir del estancamiento de la relación. Esto puede ser porque no tiene energías, interés o deseos de hacer el camino de encuentro con el otro. La crisis arrastrada durante tanto tiempo fue horadando los cimientos de la relación.

Para que se lleve a cabo una recuperación personal verdadera, debe pasarse por las etapas y pasos claves que permitan estar en control de sí mismos y asumir todo el dolor propio y el del otro.

El primer escalón para lograrlo es enfrentar el impacto emocional de la experiencia, integrando esta nueva realidad. Aceptar que el hecho sucedió, sin recurrir a subterfugios y ocultamientos como los que expresan las siguientes frases: "si hubiese hecho esto", "yo que le daba todo", "no le faltaba nada", "¿por qué a mí?". Expresiones que muestran que no se está dispuesto a reflexionar sino a autocompadecerse o culpar. Ambos caminos son equivocados, porque no permiten comprender las razones profundas y reales que llevaron a ese desenlace, sino a transformarlo en un fracaso personal o del otro.

No estamos hablando de una recuperación total, de dar vuelta la página o decretar la aceptación, ya que es irreal pensar que el proceso es corto y que este dolor se supera rápidamente. Siempre quedan heridas, temores y agravios que sólo el tiempo ayuda a curar, ya que éste es nuestro mejor aliado.

PASOS NECESARIOS

Como se ha dicho se hace necesario ensanchar el campo visual, mirar los sucesos con la pantalla ampliada y no restringida. Observar y analizar todo con profundidad, con la vista puesta en las necesidades no expresadas, los temores, los aprendizajes nocivos, el conjunto de motivaciones, expectativas, exigencias, sumisiones y omisiones. En general, reconocer lo propio y lo del otro, actuando como un investigador, pero no ante un delincuente, sino frente a un hecho de la vida que trae aparejada las oportunidades de sobrepasarlo o sucumbir.

166

Es importante tener presente que cuando se desperdicia la oportunidad de realizar una introspección adecuada, se favorece vivir y revivir los mismos hechos, sin salir nunca de las pautas repetitivas que nos llevaron a fracasar. Se trata de aprender de la experiencia y no pasar por la vida con una coraza que nos defiende pero nos pesa y nos aísla.

Otro elemento que también nos induce a error e impide seguir el camino de la recuperación es apresurarse en las decisiones, tomarlas en forma impulsiva y atolondrada. Luego vienen los arrepentimientos y las recriminaciones. Hay que tener presente que grandes aliados, para poder resolver las crisis, son la calma, la reflexión, la introspección, el tiempo y el perdón.

Tener fe en sí mismo, luchar por ser cada vez más persona, desarrollar las capacidades, crear los recursos, potenciando los existentes, son caminos que conducen a la recuperación personal. Hay además otros tres elementos que son de vital importancia para el éxito de esta empresa y son: querer hacerlo, creer que es posible y que las condiciones del medio lo permitan.

La recuperación personal no se logra destruyendo al otro, ésta pasa por la aceptación de los hechos, de sí mismo y de la realidad del otro. El proceso de alcanzarla es largo, requiere tiempo para avanzar del conocimiento intelectual a la aceptación e integración emocional, su asimilación y comprensión.

Estos esfuerzos deben favorecer la reconstrucción de uno con una nueva visión de sí, en la que nos reconozcamos pero podamos actuar en forma diferente.

Prepararse para vivir un largo proceso permite reunir las fuerzas necesarias para hacer el esfuerzo. Disminuyen así la frustración y las desilusiones que se han generado y acumulado como fruto de las distorsiones en relación a uno mismo y los hechos.

La recuperación del matrimonio es también una tarea que toma tiempo, que no se logra de un día para otro. Requiere dedicación, voluntad para hacerlo y un fuerte compromiso. Como hemos visto en todos los casos presentados, debe pasar por responder interrogantes, hablar de la situación, ampliar la visión de los hechos, evitar las distorsiones y asumir cada cual la responsabilidad de lo actuado. No se trata de absolver al que realiza la infidelidad sino de comprender las motivaciones y necesidades que pueden estar generando los comportamientos observados. Se trata de analizar al otro, a uno mismo y la situación para poder llegar al último escalón que es recobrar la confianza.

CREENCIAS QUE IMPIDEN LA RECUPERACIÓN

La mayoría de las veces uno boicotea su propia recuperación por una serie de creencias falsas, de pensamientos distorsionados, conductas repetitivas, poco acertadas y actitudes autodestructivas. Entre las primeras encuentra un lugar especial y tiene gran peso, la creencia, ya señalada, de que la monogamia es una norma en nuestra sociedad. Que este compromiso se ha asumido como existente, a pesar de no haberse hablado sobre el tema ni haberse confrontado las posiciones.

En el mito de la monogamia asumimos que este tema está resuelto, que no vamos a tener que enfrentarlo más, que sabemos lo que el otro piensa y cree, aun cuando sólo sean fantasías nuestras. Compartir y conocer lo que piensa el otro en vez de esconderlo, incluso en temas tan sensibles como saber que uno puede sentirse atraído por otra persona, permitirá sentirse compartiendo.

Son invitaciones a conocerse lo que favorece la honestidad y la confianza. La única manera de no fantasear acerca de los hechos o contarse cuentos es saber sobre ellos.

Pensamos que la mayoría de la gente es monógama sin percatarnos de que los hechos de la realidad lo desmiente y que las conductas en relación a la fidelidad han cambiado radicalmente en el último tiempo.

Otras creencias que atentan contra nosotros son pensar que hemos fracasado personalmente si hemos sido engañada o engañado y considerar a la persona que nos ha ocasionado el dolor un malvado o malvada.

También sostenemos que si hay infidelidad es porque no queda amor, sin comprender la mayor complejidad del tema. No es fácil, en muchos casos, saber por qué se vive una infidelidad. Tanto en la vida real como en el cine vemos casos inverosímiles en los que nada parece ser cierto. Éste es el caso de una película recientemente estrenada *Infidelidad* en la que la compulsión de la protagonista, en la búsqueda sexual con un nuevo personaje, genera sentimientos de confusión sobre todo por tener un marido que la quiere y desea y un hijo al que le dedica sus mayores esfuerzos.

A lo largo del libro hemos visto que son muchas las razones por las cuales se puede llegar a la infidelidad, por lo que generalizar, etiquetar y personalizar son formas de enfrentar estos hechos que alejan la posibilidad de recuperarse.

El problema es que se vive esta realidad como una profunda herida al yo, a la propia persona, a la autoestima, lo que genera conductas autodestructivas, al perpetuarse la descalificación de sí mismo o del otro.

Desarrollando una comunicación honesta

La verdad es que ninguna pareja o matrimonio está libre o inmune a la infidelidad. Se requiere una fuerte dosis de honestidad en la comunicación y de compromiso para poder enfrentarla y no sucumbir a ella.

Comunicarse es mucho más que hablar, realizarlo es un proceso delicado que debe llevarse a cabo en el momento en que se está motivado, no sólo con el objetivo de desahogarse, para así mejorar la relación. Se trata de buscar el instante preciso, las condiciones que permitan sentirse cómodos, la actitud de querer resolver los problemas, invitando a la honestidad y actuando con apertura.

Las características ya descritas más el deseo de mantener los canales de comunicación abiertos y la transparencia en todas las circunstancias, son centrales en este proceso.

El poder de la honestidad

La actitud más positiva, en este momento, es tener una conversación íntima con honestidad. Esto no quiere decir transmitir lo que a uno se le viene a la cabeza, sino aquello que va a influir en la calidad de la relación para mejorarla.

Hablarlo todo, con apertura y transparencia, parece ser el ingrediente central para iniciar y completar el proceso de recuperación. Requiere coraje superar las barreras internas que surgen para compartir información importante para ambos. Se necesita hablar de las esperanzas así como de los temores a ser rechazado, al conflicto, a crear un problema mayor aún y a los miles de condicionamientos en que vivimos, que nos empujan a no ser honestos.

Querer la paz a cualquier precio no ayuda a la recuperación. Si suprimimos la expresión de nuestros sentimientos estamos dando los primeros paso de pérdida de respeto por nosotros mismos. Cuando hay alguien que no se considera ni se protege, esa persona se pone en riesgo y se pierde. Surgen conductas negativas, cobros indirectos y resentimientos, los que hacen más daño que beneficio.

Tomar el riesgo de enfrentar es lo que trae cambios a la relación y aumenta la autoestima. La confianza se afirma en la acción y no en la pasividad ni en la evasión. No arriesgarse a ser honesto va a significar que muchos temas de interés no sean tratados, creando un abismo entre ambos, lo que constituye el mayor riesgo.

Nadie es tan frágil ni tan vulnerable que no pueda escuchar aquello que ha generado sobre lo cual debe hacerse responsable.

En cuanto a la propia honestidad también tiene que ser consciente y no realizarse en forma inmadura y destructiva. Hacerlo de buena manera aumenta la comprensión y permite la reconstrucción de sí mismo y de la relación. Asumir la propia conducta es algo que da piso a la pareja, da transparencia a los hechos y lleva a actuar con la verdad. Sea por la razón que fuere o los factores que hayan conducido a la infidelidad, ceder a la tentación es un acto voluntario, una opción por la deshonestidad y el engaño del otro.

El compromiso con uno mismo y con el otro son esenciales tanto para la recuperación personal como para la reconstrucción de la relación.

No hay un seguro de protección ante un affaire, no hay una vacuna que inmunice contra la infidelidad, hay que luchar por el matrimonio, por la veracidad, lo que no es un camino fácil. Es importante señalar, a pesar de que ya ha sido dicho, que la recuperación personal no siempre lleva a permanecer en la relación, sea en el matrimonio o con la pareja. No se trata de perder o ganar, sino de recorrer el camino del reconocimiento, del compromiso, de la comprensión, la honestidad y el encuentro con sentido.

LA RECUPERACIÓN SEXUAL

Una parte importante para la recuperación personal y de la pareja es poder volver a retomar una vida sexual en la que no esté permanentemente el fantasma de la duda o del otro. La primera asociación que se hace al saber de una infidelidad es en torno al tema sexual. A pesar de que esta puede surgir por múltiples razones siempre se piensa que hay algún problema en ese ámbito.

En la mayoría de los casos, luego de saber acerca de una infidelidad, se produce una interrupción en la vida sexual de las personas. Si bien en algunos casos se entra en un frenesí que se mantiene por un tiempo, estas conductas se alternan con momentos de distancia. También hay otras parejas para las cuales se vuelve intolerable el sólo hecho de tocarse. Estas reacciones varían en intensidad y duración según las personas y tienden a ser fluctuantes.

No es inusual ver que, en estas circunstancias, los miembros de la pareja afectados comiencen a sentirse sensibilizados y más dispuestos a tener una aventura, y la lleven a cabo. Ya sea por revancha o "¿por qué yo no?" El resultado es el mismo: es como abrir la cuenta en un tablero de goles.

Tanto para el hombre como para la mujer recomenzar la vida sexual con la pareja, después de saber que le ha sido infiel, tiene problemas. Es reiniciar un encuentro con una persona frente a la cual tenemos un sentimiento de extrañeza y a quien en muchos aspectos lo sentimos totalmente ajeno a nosotros.

Hay muchas mujeres que al volver a una vida sexual con su pareja comienzan, por primera vez, a sentir inhibición del deseo y ausencia de orgasmos, problemas que no habían conocido antes. Otras que, en estas circunstancias, aceptan un acercamiento no sexual en el cual se sientan acogidas y apoyadas pero no violentadas.

Para el hombre también tiene grandes dificultades recomenzar la intimidad, puede sentirse en un estado permanente de agobio, acosado por los sentimientos de comparación y por la fantasía que se creó, respecto a la actividad sexual desplegada por su mujer con el otro.

En el caso de un paciente, sobre el cual hablé, cuya principal preocupación era la comparación con el otro, tanto en cuanto a su desempeño como al tamaño de su pene, empezó a vivir su sexualidad con mayor tensión que agrado.

Muchas veces esta situación es pasajera pero hemos visto casos en los que se prolonga, lo que en muchas ocasiones puede impulsar a una nueva relación, con la cual vivir más relajadamente, lo que impide poner fin al proceso de engaño.

Por las razones que sea lo importante es estar consciente de que hay amenazas en este ámbito y que es fundamental actuar con transparencia y honestidad. El problema central es restituir la propia autoestima, lo que se logra sólo generando las bases para un encuentro en el que cada uno se ponga en el lugar del otro y busque saber cómo se está sintiendo.

Hay veces, como dije, en que la actividad se intensifica y en otros casos se aleja, pero todos necesitan tiempo y comprensión.

Eligiendo permanecer

Cuando una pareja resuelve permanecer junta y completar el proceso de la recuperación personal y de la relación, debe actuar con honestidad y transparencia, ya que un elemento clave es la restauración de la confianza. El hábito de la honestidad debe cultivarse desde el comienzo de la relación.

Muchas personas que deciden permanecer en la relación piensan que para hacerlo tienen que perdonar a su pareja, sin embargo, cuando esta experiencia es vista sólo en términos personales como algo que se nos hizo, el perdón se hace más difícil de otorgar.

Por eso hay que destacar lo importante que es mirar este hecho dentro de la perspectiva global en que se da. Mirar las acciones personales con el telón de fondo de cómo el medio afecta nuestros valores y acciones ya que no vivimos en aislamiento sino que en una sociedad.

Cuidar el medio en donde uno se moviliza permite preservar la relación, sin embargo más importante aún es orientarse a un cambio personal, cuidándose, observando lo que se da, lo que se espera y mirar las conductas del otro en perspectiva y no juzgándolo todo a partir de criterios restringidos. No es adecuado pensar que porque la pareja permanece tiene que aceptarse cualquier cosa, es necesario saber que para reconstruir debe aún existir amor. Vivir en un medio íntimo de cercanía y entrega recíproca es el mejor antídoto para las influencias nocivas del medio y para el desamor.

Si decide permanecer en la relación o en el matrimonio, debe considerar la posibilidad, como ya se dijo, de poner el foco de atención en una pantalla ampliada y con perspectiva. El desafío es volver a sentirse querido y ser capaz de darse. Si bien al comienzo, como en todo camino, va a haber dudas, temores e inseguridades; todo inicio es difícil.

Es necesario reflotar la atracción, ya que éste es un aspecto importante. La química puede estar dormida o apagada por los resentimientos y las amarguras pero si existe hay que darle paso y un lugar principal. Este aspecto de la relación es indispensable y no se sustituye por otros elementos, también necesarios, como son la comprensión, el compromiso y el deseo de completar la tarea conjunta del vivir en pareja. Hay que crear áreas de complicidad, lo que es esencial para la vida de pareja en cualquier etapa.

Para el resto del mundo es más fácil decir "¡Yo lo dejaría!", "¡no sé cómo lo recibió de vuelta!". Esta forma de reacción surge del deseo de castigar al infiel, con el objetivo de que sufra por la experiencia. Piensan que el castigo puede detener a otros de hacerlo y librarse así de sufrirlo. Sin embargo, ambos razonamientos son pensamiento mágico.

Esto de querer castigar es otro producto del hecho de pensar y sentir que la infidelidad es un fracaso personal.

Dejar de razonar de esta manera alivia y permite que la persona, más libremente, permanezca en la relación sin sentirse disminuida y pudiendo restablecer la propia autoestima.

Quinta Parte
Abandono y ruptura

El abandono

Dolor y aplastamiento

*L*a infidelidad se inicia más fácilmente que como se termina. La ruptura de una relación en el momento o circunstancia que sea, trae consigo una fuerte dosis de desgarro y dolor. A pesar de que la sexualidad es vivida en forma única y diferente por cada uno, constituyendo un aspecto personal y propio tal como las huellas digitales, es posible apreciar ciertas regularidades en su diversidad. Ellas están representadas por los sentimientos de dolor, aplastamiento e impotencia que genera el término del vínculo.

Si el abandono es vivido por una mujer, casada, soltera o separada, el sufrimiento es mucho mayor debido a que, para ellas, la evaluación es más negativa que para el hombre. La mujer en la infidelidad arriesga más desde la perspectiva social, pues sigue siendo aún fuertemente criticada y sancionada, a pesar de los cambios de los últimos tiempos, como su mayor incorporación al ámbito laboral e independencia profesional y económica.

Si miramos en perspectiva los diferentes momentos históricos en relación a la sexualidad, podemos afirmar que, los años 60 y 70 fueron de una sorpresiva apertura en comparación a las décadas anteriores. Que luego, la conducta en los 80 se transformó por un corto período en más conservadora, debido al surgimiento del sida. Desde los 90 en adelante, se vuelve a producir, con fuerza renovada, un nuevo destape que alcanza a los medios de comunicación, el cine, la literatura y la vida personal e íntima de las personas. Sin embargo, debido a los resabios patriarcales y machistas en que vivimos, la mujer no ha alcanzado igualdad de trato y consideración en sus conductas.

EL ABANDONO Y LA AUTOESTIMA

Para entender por qué ellas sufren más, hay que considerar que la mujer inicia generalmente una infidelidad por la necesidad de mejorar su autoestima. De acuerdo a las cifras que yo manejo, según los motivos de consulta escuchados, hay un 60 % de ellas que lo destacan al decir "para mí fue como una inyección de vitalidad, volví a sentirme viva, gané confianza y seguridad al mejorar la imagen de mí misma". Sólo un 21% lo hace sólo por sexo, un 12 % lo atribuye a diversas razones y un 7% a venganza.

Mejorar la autoestima, disfrutar de ser atendida nuevamente, recibir piropos y galanteos junto al reconocimiento de sus habilidades y atributos son hechos altamente satisfactorios, por lo que perderlos es para la mujer un duelo de proporciones. Ella siempre va a ser una buscadora de diálogo y romance, y ambas necesidades se satisfacen, en la mayoría de los casos, al iniciar una infidelidad. Por lo anterior las pérdidas que experimenta en autoestima, reconocimiento, diálogo, comunicación y romance toman la forma de un desastre y de una tragedia.

Dentro de una escala de motivaciones, aquella que lleva a la satisfacción de la necesidad de autoestima ocupa un lugar muy elevado en ella. Esto es así por la complejidad y profundidad de lo que representa, abarcando el autorrespeto, la satisfacción consigo misma, la sensación de manejo y control de la situación, la dignidad, la pérdida de temor e incertidumbre frente a lo innecesario y la libertad personal. Si analizamos los alcances de aquello que engloba, nos puede quedar claro lo destructivo que es ser abandonada, atentando así contra un elemento central para el buen desenvolvimiento y evaluación de sí misma como es la buena autoimagen.

Como vimos a lo largo del libro, las necesidades cumplen un papel importante tanto en el matrimonio como en las infidelidades. La búsqueda de satisfacción de ellas empuja a tomar decisiones y opciones que intelectualmente pueden ser irracionales. Entre estas necesidades, la de mejorar la autoestima es una de las mayores impulsoras para la creación de un triángulo. En el matrimonio o en cualquier relación íntima, con alguna permanencia y estabilidad, si la pareja no le dedica tiempo y preocupación cuidándola, fácilmente se cae en la crítica, la pelea, los desengaños, las luchas por el poder y el dominio; lo que en conjunto provocan rechazo, alejamiento, desprecio, debilitamiento y destrucción de la autoestima. Esto se contrarresta en los inicios de una relación con un tercero. En esa etapa, el encuentro se caracteriza por la afirmación, el reconocimiento, la aceptación y la ratificación del otro en su identidad así como por el trato respetuoso. Todo lo anterior produce satisfacción, incremento de la autoestima, de los sentimientos de valor personal y de confianza. Se experimenta una sensación de mayor capacidad, fuerza y adecuación, al sentirse útil, necesario y valioso para alguien. La pérdida de este estado genera sentimientos de inferioridad, debilidad, parálisis y desamparo.

Esto explica Liliana al ser abandonada por Arturo, diciendo: "sentí como que me faltaba el aire y comenzaba a ahogarme de dolor, tomé conciencia de que había sido manipulada durante todo el tiempo en que él me decía que no podía vivir sin mí. Le creí todo lo que me aseguraba, que era soltero y sin compromiso, que nos íbamos a casar, que tenía que consolidarse. Una vez que terminara de pagar una deuda de su familia podría pensar en el matrimonio".

"Cuando me dijo que estaba algo confundido, que necesitaba aclararse, fue el comienzo de la gradual separación. Dejé de ser la maravilla, el encuentro satisfactorio alejado del mundo; en un entorno personal y privado se veía invadido por suspicacias, preguntas sobre temas conflictivos de donde surgían peleas, discusiones que rápidamente nos llevaban a ubicarnos en trincheras y posiciones opuestas.

"Él había sido mi apoyo, me había devuelto la confianza en mí. Yo venía saliendo de una relación con un hombre casado y Arturo me había ayudado a superar el duelo anterior; había vuelto a sentirme bien conmigo, a confiar en mis potencialidades. En el momento en que me dijo que no quería volver a verme, en que supe que tenía una señora, el pasado irrumpió en mí, volví atrás en el tiempo, me sentí vacía, sin interés por nada, todo perdió el brillo que tenía. Estoy a la deriva, no sé si voy a poder volver a creer en alguien. Fue como si me amputaran las piernas sin anestesia, me vino como una parálisis; la pérdida de sentido e interés los viví como vacío total. Le eché en cara el engaño, mi dolor, entré en confusión y lo único que veía claro era que durante el tiempo de nuestra relación había dejado todo y sólo había vivido para él. Mi identidad había desaparecido, me había sumergido en la nada, para ser lo que él necesitaba. Hoy todo perdía sentido, caí en un pozo profundo y me llené de melancolía. La ausencia de esa relación fue como la pérdida de todo lo valioso, de mi autoestima, de mi propio valor ante todo lo que tenía un significado en mi vida".

Todo esto fue dicho en forma intensa y profundamente descarnada; Liliana se veía sin esperanza ni ilusión, como si estuviera drenada sin nada en su interior.

Son muchos los que sentencian que nunca estas experiencias terminan bien, como lo oímos también en la película *Infidelidad*, pero también hay voces que la aprueban. Escuchamos decir "la mujer ha descubierto que tiene derecho a más que una vida rutinaria y deslavada con su pareja".

Lo que uno ha aprendido al observar y conocer tantos casos es que lo deseable es que si se va a vivir este tipo de experiencia, se tenga cuidado y preocupación por sí mismo y por aquellos que le rodean para evitar sufrimientos tan devastadores como los escuchados. Si bien aquellos que comienzan un affaire lo hacen de diferente forma, hay una realidad que se impone, que alguien en esta pasada está perdiendo más de algo y lo central en juego es la propia autoestima.

La infidelidad puede ser "excitante", "alegre", "cómica", "desafiante", "deliciosa", "fortalecedora del yo", como dicen algunos. También según otras u otros, "provee nuevas energías y da impulso a la vida". Muchos de aquellos que la viven invitan a otros a imitarlos, son promotores de ella hasta que no les toca conectarse con su lado negro, como ocurre el caso de Liliana y de muchas otras(os).

EXPERIENCIAS COMPARTIDAS

Paula, una paciente que participa en un grupo creado por mí, para mejorar la autoestima de mujeres que vivieron el papel de la otra abandonada, dice ante las demás participantes: "Ambos, cuando comenzamos la relación sentimos que habíamos despertado al amor verdadero, nos apreciábamos, nos entendíamos, disfrutábamos de todo lo nuevo que vivíamos; no habíamos pensado que esto pudiera darse. Al pasar a ser la abandonada sentí el daño y el dolor por no haberme cuidado mejor, no supe protegerme ni creerle a mis intuiciones, que a ratos me alertaban con dudas ante tanta perfección y belleza; pensaba que era demasiado bueno para ser verdadero. Hoy me siento impotente ante la evidencia de que fui manipulada sin consideración. No puedo concentrarme en nada que no sea el recuerdo de la relación y en la obsesión del dolor de haberlo perdido. Necesito ayuda, quisiera saber qué hacer".

Inés, otra de las personas del grupo, agrega "yo he vivido su misma experiencia, fui abandonada y buscada muchas veces, recuerdo con horror el sufrimiento, la sensación de perder el control, de estar devastada, de esperar ansiosa a que me llamara. Cuando lo hacía me juraba amor eterno y luego desaparecía. Me empecé a sentir muerta hasta que reaccioné y busqué ayuda y corté los lazos enfermizos; no quise seguir dándome excusas y esperar. Yo perdí cuatro años, no quiero nunca más una relación en la que me toman y me dejan como si fuese un objeto".

Este dolor es mucho más común de lo que pensamos, son muchos los casos que se eternizan en esta disyuntiva. Lo que es un hecho reconocido y confirmado por los números que entregan algunos estudios, es que el 10% de las personas que mantienen relaciones de infidelidad, se unen a esa pareja, abandonando a la anterior. La mayoría, si bien puede romper, separarse o abandonar a la persona engañada, al momento de elegir una nueva pareja lo hace con alguien distinto a la persona que interfirió en la relación. También los datos indican que aquellas parejas que se unen sobre las cenizas de otra relación son más vulnerables al fracaso.

En muchos casos la mujer, al ver que su camino es tan tortuoso y lleno de indecisiones, decide abandonar el campo al tomar conciencia de que el sufrimiento está siendo mayor que el placer y la satisfacción.

Así lo demuestra Ana María al decir, "después de tres años de relación decidí romper; lo veía cada vez más preocupado del gimnasio, del trabajo y de sus obligaciones. El tiempo que me dedicaba era el que le quedaba y que no era mucho. Cuando estábamos juntos me exigía atención exclusiva, sin embargo yo no podía pedir nada para mí. Me costó darme cuenta de esto, si bien varias veces rompí la relación. Él me juró que todo iba a cambiar, que estaba pasando por un mal momento, que era transitorio. A pesar de ser ambos solteros, él parecía tener un temor muy fuerte al compromiso; cada vez que yo creía que estábamos mejor, más cercanos, le surgían problemas y empezaba a poner distancia".

"En toda esta experiencia fui perdiendo estabilidad, me salí de mi estado natural de alegría y armonía, disminuyó mi seguridad y empecé a sentirme enferma y sin esperanza."

Ser abandonada es una experiencia que alcanza a cualquiera. Puede tratarse de la esposa que es dejada por la amante, la soltera que es abandonada por la esposa, la polola dejada por el pololo, ya sea por inseguridad, confusión u otra mujer. A la pareja que vivió en conjunto, que pensó que era para siempre, también le puede llegar el desgaste del vínculo. Incluso se ve el caso de la amante que pasa a ser esposa, a la que también alcanza el descalabro y abandono, como describe magistralmente André Maurois en su libro *Climats d'amour*.

Cuando pensamos en el tercero no nos detenemos a reflexionar y a considerar su sufrimiento, en el que el detonante mayor es ser abandonada. Esto constituye un ingrediente de su destrucción personal, lo que le dificulta vivir en paz al sentirse despreciada, rebajada y sin esperanzas.

La razón no siempre prevalece en la vida, en el amor, o en la infidelidad. Lo importante en cualquiera de estas circunstancias es saber cuándo ponerle término o luz roja a una relación tóxica y dañina. Es difícil saber cuándo romper, si bien hay signos inequívocos que deberían alertarnos para no persistir en algo que nos hace mal y que nos amenaza gravemente.

Estas claves comienzan al experimentar que el propio sentido de identidad y de sobrevivencia está siendo amenazado por una permanente postergación y desprecio; no hay gratificación ni felicidad. El otro sólo busca satisfacer sus propias necesidades. Otra clave que debería alertarnos es ver que la relación es física o emocionalmente abusiva, donde hay signos inequívocos de desprotección y desconsideración, los que muchas veces ocultan el desamor o la falta de compromiso.

En todos estos casos, arranque antes de pasar a la categoría de abandonada. Si le es difícil dar los pasos por usted misma, pida ayuda, no espere hasta ser destruida para comenzar a preocuparse. Alejarse de estos amores en el momento indicado, la liberará de muchos meses de sufrimiento y desesperación.

Así dice Magdalena: "No hay que dejarse engañar por los encantadores de serpientes, yo me enamoré de uno. Permanecimos juntos durante un año y medio. Él constantemente me repetía que me amaba, que jamás me engañaría o mentiría, lo que no dejaba de sorprenderme como afirmación tan poco común. También me llamaba la atención que si lo llamaban al celular, bajaba el volumen, y lo mismo hacía al chequear los mensajes. A menudo me era difícil comunicarme con él, siempre tenía una buena excusa para que el teléfono estuviese fuera de área. Vivíamos juntos y me llamaba varias veces en el día. Hoy me doy cuenta de que era una forma de cubrirse las espaldas, llamándome cuando él quería. Hubo una serie de hechos en los que descubrí que me mentía. Aproveché que una hermana iba a tener un hijo y que mi mamá no podía viajar para acompañarla y me ofrecí a ir, como forma de tomar distancia. Estando allá supe que andaba con otra mujer, lo que me llevó a resolver prolongar mi estadía realizando un curso de perfeccionamiento en inglés. Todo esto me había afectado la salud y me sentía sin fuerzas para enfrentarlo. No podía dejar de recordarlo, aun sabiendo que era negativo para mí hacerlo".

"Luego de seis meses volví y él inmediatamente me buscó para que nos viéramos, pero yo ya estaba fortalecida y no estuve disponible. Después supe que existía otra mujer a la que le debería estar diciendo lo mismo que a mí. Ya sé lo que es vivir enamorada de alguien que no se compromete ni cierra la puerta ante las demás, es de lo peor que le puede pasar a una, por eso hay que arrancar antes de que sea tarde".

"Una es responsable de su propia felicidad", fueron las palabras finales de otra de las participantes de este grupo quien también nos contó su experiencia. Ella se sintió morir pero sobrevivió y se hizo cargo de su propia vida, defendiendo su salud mental y su futuro.

La ruptura

LOS QUE ELIGEN SEPARARSE

*H*ay veces que la decisión que surge, al saber de la infidelidad del cónyuge o de la pareja, es la separación y la ruptura. Para algunos el enterarse les permite encontrar la razón que justifica actuar lo previamente pensado. Puede que desde hace algún tiempo estén deseando hacerlo, sin saber cómo llevarlo a cabo sin sentirse responsables. En estas circunstancias vemos que ya no existe compromiso mutuo y la infidelidad pasa a ser el motivo para el término de una relación.

Para otros, es tal el impacto que les produce el conocimiento de la ruptura de la promesa, que no pueden recuperarse. Por las razones que sean, la separación es una decisión difícil de abordar y surge generando dudas y contradicciones.

Se escuchan frases como, "no sé si lo estoy haciendo bien", "creo que ya no me quiere, no puedo vivir con esa certeza", "a pesar de que lo quiero no puedo seguir, igual voy a sentirme sola, con o sin él". "Me siento en una encrucijada, con mi vida fuera de control". "Hemos decidido separarnos, es un sentimiento de pena muy grande, pero estando lejos me voy a proteger emocional y tal vez físicamente". "Espero que el tiempo me ayude."

Un caso que ejemplifica la situación en que se da la ruptura, es el de Carmen y Gonzalo. Este último desde hacía tiempo estaba buscando la forma de plantear la separación cuando se entera de que Carmen ha iniciado una relación con Diego y se están viendo regularmente. Lo sabe por su propia amante, quien se entera por una compañera de oficina de Diego. El conocimiento de este hecho le sirve de disculpa, encontrando la razón ideal para romper, sin tener que reconocer su propia doble vida, ni quedar como el responsable de la separación.

Por su parte, Carmen se ha sentido tan sola, "poco vista" y maltratada, que busca en esta relación con Diego, sin gran significado emocional para ella, la esperanza de sentirse mejor. Inconscientemente, realiza todo de modo de ser pillada, como ir a su oficina, almorzar en lugares concurridos, desaparecer en horarios notorios y cambiar demasiado de hábitos. Su deseo también es poner término a una relación que constituye un peso para ella. Este matrimonio se encontraba agotado, no había compromiso alguno que los uniera. Los temas en común habían desaparecido y la vida íntima estaba interrumpida.

Curiosamente, ninguno se había decidido a hablar y plantear su deseo de poner punto final a la relación, para no aparecer como responsable ante el hijo de 18 años, estudiante universitario. Gonzalo, desde que inició la relación con su compañera de oficina, actúa en forma dura y hosca con Carmen, estando más comprometido, emocionalmente, con Alicia, y viviendo sin remordimientos su doble vida. Este caso ilustra una situación habitual y concreta que muchos hombres viven: un mundo de duplicidad en el cual pueden seguir en forma permanente. La situación cambia cuando son sorprendidos o, como en este caso, encuentran un pretexto.

Carmen, al dejarse pillar, ayuda a Gonzalo a que no se haga responsable de decir que no la quiere y que desea dar término a la relación. Para ambos era difícil poner en palabras sus propios sentimientos, de modo que uno actúa una infidelidad que el otro descubre y así ninguno va al punto central de la situación como sería expresar el desamor. Esto que parece complicado es uno de los tantos puzzles sentimentales que vemos en nuestras consultas y que muestran distintas facetas de los actores y la complejidad de esta experiencia.

Lo típico de esta situación que ejemplifican Carmen y Gonzalo, es que todos los conflictos y problemas quedan escondidos, al no practicarse la honestidad ni la transparencia.

A Gonzalo le sirvió como anillo al dedo la actuación de Carmen. Si bien ambos se beneficiaron, ya que querían terminar, ella quedó en una situación más desmedrada, lo que sucede a menudo a las mujeres ya sea por desesperación, por ingenuidad o ausencia de conductas de autoprotección.

No todas las rupturas son deseadas ni tan simples en que el resultado calce con lo esperado. Son muchos los casos en que uno de los miembros de la pareja no quiere romper el vínculo, no desea poner fin a la relación y queda sumido en la desesperación, en un mar de preguntas y un conjunto de fantasías que pueden transformarse en obsesión, y que impiden ponerle punto final a la experiencia, dándole un cierre.

Pasos necesarios

El ideal es no llegar a la ruptura sin enfrentar los hechos. No es posible salir bien de esta experiencia, mantener la integridad e iniciar el camino de la propia recuperación sobrepasando el duelo, si se esconde la verdad o la cabeza como hace el avestruz.

Como ya lo he señalado, es indispensable no tomar esta decisión en forma atolondrada sino luego de un proceso de reflexión. Si alguien se separa en forma rápida, impulsiva y poco razonada van a quedar muchos temas inconclusos, aspectos no atendidos ni comprendidos. Esto reviste una amenaza para la propia recuperación, para poder seguir cumpliendo el rol de padres sin recurrir a una serie de conductas manipuladoras que dañen.

Nunca es fácil dar término a un matrimonio o una relación, pero ponerle fin por una infidelidad es mucho más traumático. Es un duelo que se mezcla con culpas, vergüenza, rabias, amarguras y, sobre todo, con la destrucción de la autoestima del engañado.

Pasado el shock inicial, y fracasados los esfuerzos por recomponer la relación, es indispensable crear las condiciones para darle cierre a la situación.

No se trata del término legal de ella, sino de un proceso que permite curar heridas. Hay múltiples formas de hacerlo que pasan por el reconocimiento de los hechos. Una forma, de las tantas observadas, es lograr que la ex pareja se encuentre cara a cara, puedan mirar su relación y corregir ciertas distorsiones y significados. Poder tener un diálogo significativo que les permita clarificar lo pasado y lograr acuerdo sobre acuerdo sobre ciertos temas del futuro. La regulación y arreglo de muchas situaciones que, si quedan sin delimitar, pueden hacer daño y producir dolor. El ideal es llegar a una visión compartida de los hechos, lo que es más fácil decirlo que hacerlo.

NO DEJAR IRSE AL OTRO

Todos los terapeutas sabemos que son muchas las personas que se están divorciando y que para ellos es tan doloroso el hecho que se resisten a dejar ir a su ex. Son muy diversas las maneras de actuar para impedir que esto suceda. Algunas formas de intentarlo son: litigando, hostilizando, victimizándose o utilizando a los hijos. Para evitar caer en este tipo de conductas que son dañinas para todos, es importante crear un espacio de diálogo respetuoso y comprensivo del cual cada uno salga con lo que le es propio, sin la mochila del pasado y con la posibilidad de curar sus heridas, restituir su autoestima y recuperarse personalmente.

Es posible lograr poner fin al dolor siempre que ambos estén resueltos a resolver los temas pendientes, con visión de futuro, ya que por los hijos van a seguir unidos en el rol de padres.

A pesar del dolor que causa la experiencia y la contradicción que genera, es deseable mantener el respeto para facilitar llegar a un acuerdo en las decisiones que se deben tomar. Es crucial que ambos estén preparados y dispuestos a cerrar emocionalmente su relación. Esto significa que cada uno comprenda lo negativo y positivo, y sea capaz de reconocer aquello aportado por el otro.

Para la mujer, quedar bien después de la separación es doblemente importante ya que va a requerir todas sus fuerzas físicas y mentales. Ella, por lo general, tendrá que hacerse cargo de los hijos y muchas veces hacer grandes esfuerzos sin ayuda.

Hay un signo que permite saber si se está listo para el cierre y es cuando de la rabia se pasa a la pena. En vez de recriminarse, se toma conciencia de la oportunidad perdida. La pena refleja la decisión de dejar ir, aspecto indispensable para cerrar la experiencia.

Ayuda que ambos sean capaces de reconocer lo bueno y valioso que se ha vivido, admitir el fracaso, las trasgresiones y las razones de ellas.

El cierre debe llevar a la paz, lo que sería deseable alcanzar en ese momento. Sin embargo, la realidad nos muestra que no siempre es fácil llegar a ella. Ésta, muchas veces sólo es posible años después y a veces no se alcanza nunca.

Lo importante y deseable es hacer el cierre desde un comienzo para preservar la salud mental de la familia y favorecer la recuperación personal.

Un buen cierre es positivo para el futuro de todos. La agenda a seguir debe facilitar el diálogo, responder preguntas, discutir los temas pendientes y hablar sobre los aspectos prácticos de la situación. Reconocer la importancia que cada uno ha tenido para el otro, comunicar los sentimientos, por el término de la relación y finalmente acordar un comportamiento consensuado y justo con los hijos.

El próximo paso, para aquellos que se separan, es ajustarse a los cambios que inevitablemente trae la ruptura.

Conclusiones
y palabras finales

ALGUNOS DATOS

*E*n un estudio realizado en matrimonios de diferente cantidad de años de casados, con el objeto de saber qué influye en que algunos matrimonios resulten y otros no —tema de un libro, que hemos escrito tres profesionales vinculadas a esta materia, que esperamos publicar— obtuvimos la siguiente información en relación a la infidelidad.

Hubo acuerdo acerca de ciertos comportamientos, que les permitieron cumplir con la opción de la monogamia o lograr su recuperación, en los casos en que no se efectuara.

Estas conductas abarcaron ciertas áreas de la relación y fortalecieron ciertos procesos considerados necesarios para el logro de este objetivo.

En primer lugar, cuidar la intimidad y la sexualidad creando frecuentemente novedades y pequeñas sorpresas que rompieran la rutina. Evitar el aburrimiento compartiendo una búsqueda constante de innovación, conquista y romance. Se ha visto que el deseo de tener algo diferente es lo que hace que tanto hombres como mujeres se lancen a la conquista de otro.

Cultivar la preocupación por la pareja misma sin postergarla por otros creando una clara escala de prioridades que permita discriminar lo esencial y lo accesorio.

Darse importancia mutua, escuchándose y participando en forma conjunta de los éxitos y fracasos. Introducir la novedad en la vida cotidiana, especialmente en la sexualidad. Para ello es necesario cargar las pilas con pequeñas vacaciones y cuando la situación no lo permite salir de la casa solos, aunque sea para caminar o permanecer en el auto y así tener espacios de conversación en intimidad y cercanía.

Un segundo aspecto es darse mutua atención en los momentos sensibles. En las etapas de embarazo o nacimiento de los hijos, en los cambios de décadas, en los duelos, pérdidas de seres queridos, trastornos en la situación personal, social o laboral, así como en los vaivenes emocionales.

Evitar, en los tiempos o situaciones difíciles, hacer recuentos de los aspectos negativos de la pareja, sin considerar lo positivo. Al discutir, no olvidarse de todo lo constructivo para sólo criticar y de echar en cara únicamente lo malo.

Para poder hacer lo anterior, hay que mantener los canales de comunicación abiertos. Hablar acerca de los sentimientos, y demostrar tanto la alegría como la desilusión por las distintas realidades. Los momentos de pérdida, sea de estatus, de un ser querido, de empleo, situación económica, crean una sensibilidad especial y claros signos de desconcierto que en muchas ocasiones impiden el acercamiento y la comprensión.

Una tercera área es no evitar los conflictos. Aclarar los problemas en cuanto surgen. Muchas infidelidades se relacionan con la insatisfacción de las necesidades y comienzan cuando un miembro de la pareja siente que hay algo que le falta a la relación y sale a buscarlo fuera, en vez de enfrentar el problema y manifestar su inquietud.

Una cuarta área es evitar el descuido personal, no prestar atención a la apariencia, al orden, la limpieza y la cortesía. Dejarse engordar, descuidar la apariencia, volverse desordenado, poco cortés o educado, mata las pasiones y sepulta muchas ilusiones así como la expectativa de romance, que necesitan ser mantenidas como parte de la conquista permanente. No olvide atender los detalles que en conjunto construyen la convivencia.

Finalmente, aparece como importante no tener vidas paralelas, tan independientes que no puedan crear una sana dependencia. No se trata de vivir a la sombra del otro sino de no dejar un espacio libre que fácilmente sea ocupado por un tercero.

Es importante poder ponerse en el lugar del otro, apoyarse mutuamente, crear una relación de iguales en donde el machismo y el feminismo no arrase con la verdadera igualdad sin revanchas ni discriminaciones.

PALABRAS FINALES

Hemos llegado al final de este libro y quisiera que mis palabras fueran un mensaje esperanzador, positivo y reconfortante. Son muchas las personas que han sobrevivido al terremoto que produce el dolor de la infidelidad, del abandono o la ruptura. No sólo han podido sobrepasar las dificultades sino que han salido reforzadas y más seguras, como fruto de su experiencia.

Los dolores fortalecen y las crisis nos sirven como instancias de crecimiento y maduración. En el constante proceso de desarrollo a que estamos sometidos, el sufrimiento nos lleva a descubrir quiénes en realidad somos, las capacidades que tenemos y las fuerzas que nos permiten resistir la adversidad. De muchas de estas características, que residen en nuestro interior, no tomamos conciencia hasta que nos vemos forzados a recurrir a ellas.

Cualquier crisis personal o de orden social es un desafío para nuestras creencias, nuestras actitudes y esperanzas. Lo único cierto frente a ellas es la necesidad de sacar las lecciones que corresponden.

Tomar decisiones, hacernos responsables de ellas, coger los hilos de nuestra vida, valorarnos y respetarnos a pesar del dolor, la equivocación y la adversidad, es una obligación que tenemos como seres humano. A nadie han mandado a este mundo para ser víctima de otro o de sí mismo.

Para evitar entrar en el camino de la autodestrucción y la victimización, hay que poner la vista en lo que avanzamos y lo que aprendemos, y no en lo que dejamos atrás.

Tengamos presente que, entre las certezas con que llegamos a la vida, hay tres que son de primera importancia. Una es que vamos a morir, la segunda que no podemos vivir la vida de otro y la tercera que es imposible hacer que alguien, distinto a nosotros, viva la nuestra o aquella que deseamos para él o ella. Por estas razones es tan importante ser nuestros propios guardianes, reconocer al otro en su realidad, pensar que hoy podría ser nuestro último día, lo que nos ayudaría a mantener la esperanza y la alegría mientras podamos seguir adelante.

Si bien la visión que la mayoría tenemos es la de la pareja para toda la vida, esta ilusión ha ido quedando en el pasado, al no poder cumplirse, al ser boicoteada y dañada por hechos y situaciones que van más allá de nuestra voluntad.

Si bien la nostalgia por los tiempos idos es comprensible, es de más utilidad vivir con la vista puesta en el mundo de hoy, con sus avances, oportunidades, amenazas y retrocesos.

Nuestra sensación de estar a salvo y protegido en nuestra vida matrimonial, se ve amenazada por la ocurrencia de una infidelidad. Por otro lado, como seres sociales podemos sentirnos amenazados por los cambios violentos que nos generan las turbulencias externas, producto de la modernidad y de las revoluciones culturales. También como nación se suelen vivir situaciones que constituyen amenazas virtuales o factuales, hechos que van más allá de nuestro control. Así sucede con los terremotos, las inundaciones, los huracanes, los tornados y, en el año 2001, con el atentado a las Torres Gemelas y el Pentágono. En todos estos sucesos lo que se viene abajo es nuestro sentido de invulnerabilidad. Vemos y constatamos lo frágiles que somos, lo expuestos que estamos, lo que principalmente es así porque no tenemos experiencia ni conocimiento, acerca de estos hechos, previo a su ocurrencia.

Saber acerca de cualquier suceso, evento o tema presente y sensible, como la infidelidad, nos permite tener más herramientas para enfrentarla y defendernos frente a ella. Aceptar que no estamos a salvo nos impide sentirnos invulnerables y omnipotentes. Esta última visión de nosotros nos lleva a riesgos y exposiciones peligrosas.

Son muchas las variables del medio que han cambiado, por lo cual nosotros también tenemos que ser diferentes. No podemos ser los mismos si el mundo se ha globalizado, si la expectativa de vida se ha prolongado, si la mujer se ha insertado en un mundo real de mayor acción e independencia. Nuestros roles han cambiado y nuestra actitud ante la vida debe ser otra.

Puede que ni usted ni su pareja hayan vivido una infidelidad, pero hoy en día esto podría cambiar. Por distintas fuentes sabemos que hay casi un 60% de personas casadas o que viven con una pareja estable, que por lo menos han sido infieles en una ocasión. Si no lo cree no tiene más que navegar por internet y ver la oferta en el ámbito de la sexualidad y también los lugares en que profesionales del área de la salud mental, asociaciones religiosas y consejeros matrimoniales otorgan ayuda a la gran cantidad de personas que recurren a ellos.

Tanto el engañado como quien engaña piden, en estas circunstancias, poder ser ayudados, y ambos reconocen que la infidelidad ha sido una experiencia devastadora para sus vidas.

Las encuestas dicen que la fidelidad y la monogamia son un deseo y también una necesidad por la emergencia del sida. Sin embargo, en esos mismos estudios se aprecia que las conductas reales en ese ámbito no han cambiado.

Vivir en un mundo ideal no es posible, tampoco ajustarlo a nuestras expectativas, lo recomendable es luchar y esforzarse por crear, con el otro, las condiciones que nos permitan acercarnos a lo esperado, sabiendo que es un camino difícil, muchas veces solitario, pero que necesariamente pasa por compartirlo con nuestra pareja.

Nosotros, con mi marido, tomamos la opción de la monogamia, pero nunca la tomamos como un supuesto o una realidad dada o ganada. Vivimos alertas a las evoluciones y los cambios del medio que nos rodea, de acuerdo a la realidad. Esto fue tarea de ambos, con el objetivo de construir algo satisfactorio. Compartimos nuestras dudas, incertidumbres, temores, debilidades, atracciones e invitaciones del medio que pudieran amenazar el cumplimiento de nuestro compromiso.

Si hubiésemos aceptado el mito de la monogamia habríamos estado trabajando en contra de nosotros mismos. Rechazar ese mito nos permitió acercarnos más en una relación basada en la honestidad y la transparencia. Hubo momentos de molestia, incertidumbre, desconfianza y temor, pero con la franqueza y la verdad pudimos sobrepasar las dificultades y avanzar.

Tuvimos presente la amenaza que significaba la vida pública de él y laboral-profesional de ambos. Que el medio invita a la poligamia y que es uno personalmente quien debe manejar la situación y responsabilizarse por ella. Buscamos no tener secretos y aclarar las dudas.

En los momentos de debilidad y temor nos ayudamos para sostenernos y no evadirnos. Siempre supimos que como cualquier dolor, pérdida o enfermedad, la infidelidad podría alcanzarnos.

Nuestra apuesta resultó hasta hoy y esperamos en el futuro poder seguir construyendo juntos.

La experiencia vivida en nuestra propia vida y los más de 26 años tratando problemas de pareja constituyen una posición privilegiada para poder hablar de lo que puede significar el dolor, la muerte y la resurrección de los vínculos. Nadie ha podido alejar de su vida las crisis y los dolores, todos tenemos que aceptarlos como una realidad ineludible. Lo importante es no seguir siendo el mismo después de haberlos sufrido, enfrentado y sobrevivido a ellos. Con el paso del tiempo uno aprende que una de las tareas primordiales es la redefinición de nuestras vidas y vínculos, y de lo que esperamos de la vida y de la pareja. Éste es un trabajo que hay que realizar en conjunto, como forma de ponernos al día en nuestras necesidades mutuas y en los desafíos que nos plantea el medio.

Compartir el placer y el dolor trae magia a la vida y nos permite construir un día a día satisfactorio.

Índice